BUZZ

© 2022, Buzz Editora
© 2018, Roy M. Oswald, John Lee West e Nadyne Guzmán

Título original: *Emotional Intelligence for Religious Leaders*

Publisher ANDERSON CAVALCANTE
Editora SIMONE PAULINO
Assistente editorial JOÃO LUCAS Z. KOSCE
Estagiária editorial LETÍCIA SARACINI
Projeto gráfico ESTÚDIO GRIFO
Assistente de design STEPHANIE Y. SHU
Tradução PAULO GEIGER
Preparação ERIKA NOGUEIRA
Revisão VANESSA ALMEIDA, ANTONIO CASTRO, CRISTIANE MARUYAMA

Ícones: Noun Project
pp. 19–20, 60: Gan Khoon Lay

Dados Internacionais de Catalogação na Publicação (CIP)
de acordo com ISBD

O86i
Oswald, Roy M.
Inteligência emocional para líderes religiosos /
John Lee West, Roy M. Oswald, Nadyne Guzmán
Tradução: Paulo Geiger.
São Paulo: Buzz, 2022
144 pp.

Tradução de: *Emotional Intelligence for Religious Leaders*
ISBN 978-65-86077-41-4

1. Inteligência emocional 2. Líderes religiosos
I. Oswald, Roy M. II. West, John Lee. III. Guzmán, Nadyne.
IV. Geiger, Paulo. V. Título.

2020-1200   CDD-153.9 / CDU-159.95

Elaborado por Vagner Rodolfo da Silva CRB-8/9410
Índices para catálogo sistemático:
1. Inteligência emocional 153.9
2. Inteligência emocional 159.95

Todos os direitos reservados à:
Buzz Editora Ltda.
Av. Paulista, 726 – mezanino
CEP: 01310-100 – São Paulo, SP
[55 11] 4171 2317 | 4171 2318
contato@buzzeditora.com.br
www.buzzeditora.com.br

John Lee West • Roy M. Oswald
Nadyne Guzmán

Inteligência emocional para líderes religiosos

Prefácio 9
Prefácio à edição brasileira 11

1
Introdução 13

O que é QE? 14
As causas de estresse, a resiliência e a QE 15
A QE é essencial para a liderança religiosa e espiritual 17
A lacuna entre treinamento teológico e liderança religiosa 18
Explicação de nossa pesquisa e de nossa estrutura 21
Avançando 23

2
Autoconsciência emocional
como fundamento 25

O que é autoconsciência emocional? 25
O conceito do chamado 27
Dívida existencial 29
Ego e húbris 31
Humildade 33
Perfeccionismo 35
Nosso falso "eu" 36
A sombra 37
Conclusão 39

3
Desenvolvendo a autoconsciência emocional 41

Teoria do temperamento e tipo de personalidade 42
Adquirindo uma perspectiva interior 44
    Meditação 44
    Oração contemplativa 46
    Manter um diário 49
Buscando uma perspectiva externa 50
    Aconselhamento 50
    Mentores e coaches 51
    Orientação espiritual 52
    Supervisão 53
A autoconsciência emocional como fundamento 54

4
Utilizando o autocontrole emocional 57

O que é autocontrole emocional 58
Uma base espiritual e filosófica para o autocontrole emocional 59
Controlando emoções fortes 61
O que o autocontrole emocional não é 63
    Denegação 64
    Repressão 65
    Sublimação 66
    Projeção 67
Maneiras práticas de desenvolver autocontrole emocional 67
    Reconheça gatilhos 67
    Encontre um lugar seguro para expressar emoções 68
    Estabeleça limites emocionais 69
    Cuide consistentemente de si mesmo 70
    Exerça um bom julgamento 72
A partir da compreensão de nós mesmos, passar para a empatia 72

5

Adquirindo empatia 75

O que é empatia? 76
Demonstrar empatia pode ser uma experiência desafiadora 77
A necessidade de empatia aos líderes religiosos 78
Maneiras práticas de adquirir empatia 80
Os riscos da empatia para líderes religiosos 81
Empatia por nossa família 83
Um apelo por compaixão 84

6

Aprendendo a ter consciência organizacional 85

O que é consciência organizacional? 85
Organizações religiosas não são famílias 86
Organizações são sistemas 87
Aferindo a paisagem política 89
Compreender agendas 91
Implementar ideias com consciência organizacional 92
Avalie os desafios e minimize os conflitos 93
Conclusão 94

7

Exercendo influência 97

O que é influência? 97
Afirmando nossa influência 99
Afirmando nossa influência para uma liderança
    transformacional 102
Influência mediante técnicas de comunicação 104
Conclusão 106

8

**Assumindo o gerenciamento
de conflito** 107

O que é gerenciamento de conflito? 108
Conflitos podem ser destrutivos para outras pessoas 109
Conflitos podem ser destrutivos para nossa organização 110
Conflitos podem ser destrutivos para nós 111
Nossos conflitos internos 113
O gerenciamento de conflitos é necessário 115
Conflito cria oportunidades 115
Sugestões práticas para gerenciar conflitos 117
Conclusão 118

9

**Espiritualidade do líder religioso
emocionalmente inteligente** 121

Inteligência emocional e espiritualidade 122
Maturidade espiritual 124
Prática espiritual 124
Conclusão 126

10

Conclusão 129

Notas 135

Prefácio

Nós três nos juntamos para compartilhar nossos pensamentos, ideias e experiências sobre Inteligência Emocional (QE)* e sua importância nas vidas de líderes religiosos. Através de nossas experiências coletivas e pesquisas, descobrimos que a QE é essencial para a liderança religiosa, e fundamental para o desenvolvimento e manutenção de relacionamentos exitosos. Descobrimos também que a expansão da QE pode afetar positivamente a maturidade emocional e a profundidade espiritual de líderes religiosos.

Cada um de nós chegou a este projeto a partir de um conjunto diferente, embora paralelo, de experiências e perspectivas na QE. Como terapeuta profissional, John trabalhou extensivamente com líderes religiosos no desenvolvimento de sua QE e os ajudando a se curar dos rigores da liderança religiosa. Roy passou muitos anos como coach e consultor de pastores, e continua a trabalhar com eles no Centro EQ-HR, uma organização da qual é cofundador. A experiência de Nadine com a QE vem de seu trabalho como professora universitária, consultora e

---

* Também chamada neste livro pela sigla QE (que significa *Emotional Quotient*, Quociente Emocional). A sigla QE é usada em complementação à sigla QI (*Intelligence Quotient*), mais conhecida por ter sido, por muito tempo, considerada mais importante do que a inteligência emocional. [N. E.]

coach no desenvolvimento de liderança. Além disso, John e Roy serviram como pastores de igreja, e o ministério de Nadyne é na capelania de um hospital.

Acreditamos existir uma oportunidade para que líderes religiosos progridam em seus trabalhos quando conhecem as ferramentas da QE. Oferecemos este livro para ajudar líderes religiosos a enfrentar como indivíduos seus desafios atuais e promover seu contínuo desenvolvimento. Também apresentamos este trabalho como um guia para faculdades, seminários e denominações bíblicas que desejam ajustar seus currículos e suas políticas para corresponder à tarefa crítica de desenvolver líderes religiosos emocionalmente inteligentes. Nossa esperança desde o início foi criar um recurso que não estava disponível até então.

Reconhecemos que o trabalho de líderes religiosos é crucial para o desenvolvimento espiritual das pessoas e para a cura da sociedade durante uma das épocas mais desafiadoras da história humana como a que vivemos agora. Dedicamos este livro a você que trabalha como líder religioso, e lhe agradecemos por seu empenho em servir aos outros. Que seu trabalho seja abençoado!

John, Roy e Nadyne
Março de 2018

Prefácio à edição brasileira

Imagine se você tivesse todas as ferramentas para lidar com as próprias emoções? Sabe por que isso é importante? Pois o que sentimos, muitas vezes, determina nossas ações. A gente pensa em algo, esse pensamento gera uma emoção, e essa emoção influencia ou provoca uma ação. Esta, por sua vez, é como uma semente em solo fértil. Você planta e depois colhe o que floresceu. É o que chamamos de Lei da Semeadura, ordem universal e eterna. Vale para mim, para você, para todos.

Pense nisto por uns minutos: como são as sementes e os frutos que você plantou e colheu até aqui? Quantos deles foram criados a partir de uma emoção que você não conseguiu controlar?

Pergunto isso porque a escolha de ser um semeador da palavra sagrada é a decisão mais importante da vida de um líder religioso. Portanto, se hoje seus frutos não são os ideais, saiba que refletir sobre suas emoções irá te ajudar a escolher as melhores sementes para plantar o seu futuro e o da sua comunidade.

Algumas escolhas feitas no início da sacristia viram sentenças, mas isso pode ser revertido quando se tem inteligência emocional.

Infelizmente, muitas organizações religiosas não ensinam seus líderes a lidar com suas emoções. Na verdade, eles foram e são treinados para esconder os sentimentos. Parece um grande tabu. Já percebeu que alguns líderes pedem desculpas por desabafar com um fiel? Então, é sobre isso que estou falando.

Se você tivesse todas as ferramentas para lidar com as próprias emoções, criaria mecanismos para não se colocar em situações que te perturbam, além de poder auxiliar os fiéis com mais assertividade.

Você tomaria decisões corretas e sem influência de alguma emoção momentânea.

Você se conheceria de verdade e teria convicção ao escolher determinado caminho.

As próximas páginas vão lhe fornecer essas ferramentas. Aprenda essas lições e as coloque em prática.

Agarre-se à inteligência emocional e a use sem moderação. Assim, suas decisões de hoje vão dar grandes frutos amanhã.

Paz e prosperidade,
Tiago Brunet

1

Introdução

Hoje visitei uma pessoa que tentou se suicidar. Depois fui visitar um bebê cuja mãe vinha se drogando. O bebê é cego, e seu cérebro não está funcionando adequadamente. Seu nível glicêmico está subindo e baixando, subindo e baixando, subindo e baixando. Estou com os avós, orando. Esta foi a minha manhã. Às vezes desço as escadas para me sentar e dizer: "Deus, vamos lá, está falando sério?".

LÍDER RELIGIOSO ANÔNIMO

Para aqueles entre nós que estiveram a serviço como líderes religiosos, esse depoimento descreve o terrível sentimento de impotência e frustração que muitas vezes experimentamos em nossa carreira. Nós, que fomos chamados a servir como pastores, sacerdotes, capelães, anciãos, administradores, professores ou conselheiros de fé (para citar só alguns cargos) aceitamos o chamado para a liderança religiosa e decidimos ajudar outros quando experimentam as inevitáveis vicissitudes e os desafios da vida. Muitas pessoas experimentaram perdas ou traumas, enquanto outras estão em aflição espiritual. Outras ainda se sentem confusas e desencorajadas ao buscar com seriedade uma existência significativa. O difícil trabalho de liderança religiosa exige de nós sermos emocional e espiritualmente firmes, independentemente do que cada situação implique.

Nós três (John, Roy e Nadyne) trazemos diferentes conjuntos de experiências, perspectivas e entendimentos dos anos em que coletivamente servimos outras pessoas como líderes religiosos. Ao longo desse caminho, cada um de nós aprendeu algo sobre inteligência emocional (popularmente conhecida como QE) e como ela melhora a eficácia da liderança, da comunicação e das inter-relações em ambientes religiosos. Assim, decidimos criar este livro como um meio de nos conectar com líderes religiosos que estejam dispostos a se tornar emocional e espiritualmente saudáveis, e eficientes ao máximo em seu serviço aos outros.

Cada um de nós abordou a escrita deste livro a partir de um paradigma cristão, e essa perspectiva, sem dúvida, reflete-se em todo o livro. No entanto, é nossa intenção que esta obra seja um guia para todos os líderes religiosos que gostariam de melhorar sua QE. O que nós, autores, temos em comum, e compartilhamos com você, é a vocação para sermos líderes religiosos e a resoluta dedicação aos preciosos seres humanos aos quais somos chamados a servir. É nossa sincera esperança que este livro seja um recurso útil para o desenvolvimento da QE, e uma fonte de ajuda e incentivo durante seus momentos desafiadores na liderança religiosa.

O que é QE?

Para nós, é importante que se compreenda que a liderança religiosa exige aptidões de inteligência emocional, ou de QE, bem desenvolvidas. Isso porque grande parte de nosso trabalho envolve ajudar pessoas com suas necessidades emocionais. A QE tem sido definida como a capacidade de monitorar as próprias emoções e as de outras pessoas, para diferençar cada uma delas e classificá-las adequadamente, e de usar informação emocional para guiar o pensamento e o comportamento.[1] Dito de outra maneira, para que possamos cumprir nossos deveres de maneira produtiva e sobreviver aos rigores emocionais da liderança religiosa, precisamos ser capazes de identificar, compreender e administrar nossas emoções, tanto interna quanto externamente.[2] Simplificando, a QE pode nos ajudar a processar nossos sentimentos e abordar as emoções dos outros de maneira construtiva.

A QE nos permite aprender mais sobre nossa dimensão emocional e como dar a esse autoconhecimento um uso benéfico. Como ilustrado em cores vivas no filme *Divertida mente*, somos seres emocionais com uma maravilhosa mistura de sentimentos intensos, que podem ser reconhecidos e compreendidos. Nossas emoções estão intimamente ligadas às nossas experiências de vida, e nossas ações são profundamente afetadas por nossos sentimentos. Neste livro, abordaremos os benefícios que a QE nos confere como líderes religiosos, tanto interiormente (dentro de nós mesmos) quanto exteriormente (trabalhando com outros).

A inteligência emocional vem ganhando progressiva aceitação entre acadêmicos como um conjunto de aptidões (também chamadas competências) que podem ser desenvolvidas como forma de autoaprimoramento.[3] A pesquisa de QE tem avançado firme e continuamente desde que foi introduzida pela primeira vez em 1990, sobretudo após o livro divisor de águas de Daniel Goleman de 1995, *Inteligência emocional: a teoria revolucionária que redefine o que é ser inteligente* (Objetiva, 2012).[4] Goleman explicou como o sistema límbico do cérebro tem um poder enorme sobre outros padrões de pensamento. Escreveu que nossos sentimentos ou emoções têm importantes repercussões em nosso cérebro "pensante", e que a QE nos ajuda a compreender como nossos sentimentos têm enorme influência em nossas decisões.

É crucial que nos tornemos emocional e espiritualmente maduros para poder ajudar outros de maneira adequada. Como advertiu um líder religioso: "Nem sempre as pessoas são emocionalmente saudáveis quando estão tentando ajudar outras. Esse é o problema quando pessoas assumem o negócio de ajudar pessoas". Criamos este livro para ajudar você a explorar e expandir sua inteligência emocional, de modo que possa servir a outros com o melhor resultado possível.

As causas de estresse, a resiliência e a QE

Como mencionado anteriormente, escrevemos este livro para todos os tipos de líderes religiosos que arcam com os ônus emocionais e espirituais de outros. Servir numa liderança religiosa inclui o enorme desafio de guiar as pessoas em suas opções de vida, no desenvolvimento do caráter e nas dificuldades emocionais. Dedicamos nossas vidas a esse serviço para podermos causar um impacto nas pessoas. Disse um líder religioso: "O que mais gosto é de ser capaz de fazer diferença nas vidas das pessoas. Gosto de poder realizar coisas que vão perdurar além de meu tempo de vida e de fazer algo que realmente tenha importância no coração dos outros". É verdade que trabalhar com pessoas nessa capacidade é um incrível privilégio. A liderança religiosa às vezes pode ser maravilhosa, até mesmo miraculosa, quando vemos pessoas sararem e crescerem. No entanto, o processo de ajudar pode exigir uma grande dose de energia emocional!

A necessidade de que líderes religiosos tenham QE é maior do que em relação a outros profissionais. Por quê? Porque nenhuma outra atividade profissional exige que uma pessoa trate de tantas cargas emocionais e espirituais quanto a liderança religiosa. Esse trabalho desafia nossa fortaleza interior, nosso caráter pessoal e nossa determinação. Frequentemente exige que ultrapassemos nossos limites e, se permitirmos, nos empurra a um estado de fadiga da compaixão.[5] Como definiu um líder religioso: "Se você não preencher seu próprio coração à medida que o faz extravasar, rapidamente ele estará vazio, e não lhe restará nada a dar. Assim, você tem de se manter interiormente saudável, para poder ajudar outras pessoas".

Como o profeta Elias (Reis I 19:4-14), podemos sucumbir rapidamente ao sentimento de estarmos sós em nossos esforços de liderança e ficarmos desanimados. Charles Spurgeon, conhecido no final do século XIX como o "Príncipe dos Pregadores", descreveu uma vez o grande desânimo e a intensa depressão que sentiu como líder religioso: "O ministério é uma coisa que desgasta o cérebro, exige muito do coração e drena a vida [das pessoas] se [elas] o exercem como devem".[6] Um líder religioso que entrevistamos resumiu a gravidade emocional da liderança religiosa desta maneira: "O peso das exigências como pastor é emocional, e até fisicamente, oneroso. Eu sinto uma constante ansiedade: 'Espere, tenho de fazer isto, tenho de me planejar para aquilo, tenho de preparar para isto, tenho de fazer um sermão, preciso me encontrar com aquela pessoa'. Todas essas coisas podem ser um peso para você e, às vezes, são massacrantes".

O que se exige de nós, considerando esses fatores profissionais estressantes, é resiliência, que permite nos adaptar bem quando enfrentamos desafios. O trauma, a tragédia e a dificuldade experimentada por todo aquele que serve são sérias ameaças a nosso bem-estar emocional, porque estamos logo ali na presença deles. Também podemos ter de enfrentar nossos próprios estresses, como problemas familiares, questões financeiras e preocupações sérias com saúde. Felizmente, o desenvolvimento das aptidões de QE nos ajuda a melhorar nossa resiliência, porque podemos compreender a dinâmica emocional dos outros e processar nossos próprios sentimentos diante da adversidade.

A liderança religiosa é incrivelmente complexa, e as expectativas costumam ser ambíguas. Em outras palavras, pode parecer que nossos deveres não têm fronteiras ou limites. Ser uma "pessoa santa" não é exatamente uma definição útil do trabalho. Muitos têm altas expectativas de como deveríamos servir-lhes e de como deveria ser um "bom" líder religioso. Afinal, recai sobre nós a missão de lhes apoiar, orientá-los, aconselhá-los, acompanhá-los ao longo de suas situações mais difíceis. A inteligência emocional nos provê os instrumentos para sermos líderes eficazes nessas amplas responsabilidades.

A QE é essencial para a liderança religiosa e espiritual

Todos os líderes profissionais podem se beneficiar do desenvolvimento da QE, e nós, como líderes religiosos, certamente estamos incluídos nesse grupo.[7] Contudo, nosso papel é único e comporta mais risco do que o de outros líderes, porque operamos num contexto sagrado. Por causa disso, somos responsáveis pela liderança *espiritual* daqueles que servimos, como parte de nosso papel maior. Em outras palavras, exercemos uma forte impressão na espiritualidade daqueles que servimos. Quando nós estabelecemos aptidões eficazes de QE, temos mais probabilidade de influenciar positivamente as pessoas pelas quais assumimos a responsabilidade espiritual.[8]

Podemos compreender melhor o papel essencial que os líderes espirituais desempenham na espiritualidade de outras pessoas se considerarmos o relacionamento que existe entre um técnico e seus jogadores. Por exemplo, técnicos ajudam os jogadores a acreditar em si mesmos e em suas funções na equipe, a desenvolver suas aptidões físicas e a atingir seu potencial como atletas. Como disse uma vez Ara Parseghian, ex- -técnico de futebol americano do Notre Dame Fighting Irish: "Um bom técnico fará seus jogadores enxergarem o que eles podem ser, e não o que eles são".

Da mesma forma, líderes religiosos podem se valer de elementos de QE para ajudar os outros a desenvolver uma fé mais profunda em Deus, crescer como seres humanos e levar uma vida dedicada a serviços. Um exemplo disso está em Barnabé, que foi um modelo de QE quando Paulo precisou de apoio num momento crucial – ajudando-o a realizar seu potencial espiritual (Atos 9:23-31). Como líderes religiosos, nos deparamos, da mesma maneira, com oportunidades essenciais para fomentar crescimento nos outros. Nessas circunstâncias vitais, temos de usar a QE se esperamos obter uma consequência positiva na maturidade espiritual daqueles de quem somos encarregados.

É nossa aptidão para QE que nos permite ganhar a confiança dos outros e criar uma conexão que pode potencializar o crescimento deles e o nosso. Como escreveu Martin Buber: "Quando duas pessoas se relacionam autêntica e humanamente de modo recíproco, Deus é a eletricidade que irrompe entre elas".[9] Roy compartilhou sua ampla experiência ao treinar líderes religiosos:

> Como digo às vezes aos clérigos: "Vocês podem até não gostar um do outro, mas isso não deve impedir que os dois desenvolvam um relacionamento significativo. Acompanhando esse tipo de conexão, sempre que se encontrarem, vocês dois devem sorrir um para o outro, sabendo que se conectaram de um modo especial. Sem esse tipo de conexão os dois iriam buscar maneiras de desacreditar um o outro, seja consciente ou inconscientemente".[10]

Quando compreendemos que podemos afetar de modo positivo nossos relacionamentos expandindo ativamente nossa QE, damos um enorme passo para a melhora de nossa liderança religiosa.

A lacuna entre treinamento teológico e liderança religiosa

Durante nossa pesquisa, muitos entrevistados nos explicaram que foram bem treinados em teologia e instrução religiosa durante sua educação formal. Contudo, também informaram que apenas o treinamento teológico e religioso não fora suficiente para prepará-los para o rigor emocional que enfrentavam como líderes religiosos (figura 1.1). Como já escreveu Roy: "O ministério pastoral tem a ver totalmente com relacionamentos. Você pode ser um teólogo brilhante, excelente em exegese bíblica, mas se não tiver inteligência emocional, seu ministério será difícil".[11]

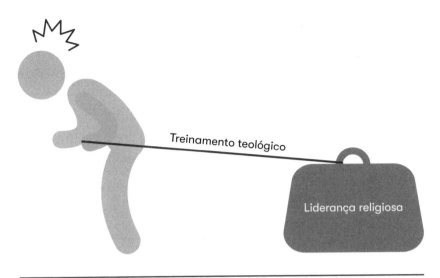

Figura 1.1 Liderança religiosa sem inteligência emocional

Acreditamos que os humanos foram criados por Deus como seres emocionais; portanto, nossas decisões são processadas através de um filtro emocional. Esse filtro emocional engloba uma combinação complicada de experiências de vida, do temperamento e dos valores essenciais de cada um. Já foi declarado que somos "mais fortemente impulsionados por paixões do que dirigidos pela razão".[12] Por isso, se esperamos ter excelência em liderança, não podemos processar cada cenário que encontramos num nível puramente informacional ou racional. Se ignorarmos nossas emoções, criaremos um curto-circuito em nossas aptidões e dificultaremos nossa formação como líderes religiosos.

Isso não quer dizer que devemos ignorar nosso intelecto ou treinamento e permitir que os sentimentos ditem nossas decisões como líderes. Na verdade, o coração pode ser mal conduzido, por isso temos de usar o intelecto para equilibrar nosso processo de tomada de decisões (Jeremias 17:9). Temos de "cultivar a razão na emoção, bem como a emoção na razão".[13] Nosso treinamento teológico (mente) e nosso centro emocional (coração) devem estar envolvidos se esperamos guiar outras pessoas para o crescimento e manter nossa própria saúde emocional e espiritual.

Como explicou Roy num livro anterior, líderes religiosos têm de se empenhar para "mesclar racionalidade e emotividade de modo que sejam verdadeiramente transformadores".[14] Ao fazer isso, podemos criar um poderoso nexo entre a mente e o coração em nossas decisões como líderes. Pode-se chegar a essa ótima combinação desenvolvendo nossa inteligência emocional, porque a QE atua como um valioso guia em nosso treinamento teológico. Ela também nos ajuda imensamente quando a liderança religiosa nos parece uma sobrecarga (figura I.2).

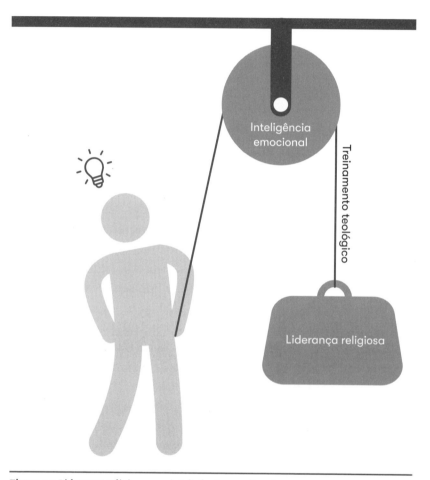

Figura I.2. Liderança religiosa com inteligência emocional

A maioria dos líderes religiosos que entrevistamos expressou que as faculdades e os seminários bíblicos que frequentaram não incluíam o treinamento em QE como parte de sua educação formal.[15] Como resultado, foram obrigados a desenvolver suas aptidões em QE por intermédio de oportunidades de treinamento não tradicionais, como coaching externo, terapia profissional e autoestudo. Neste livro provemos aos líderes religiosos um valioso recurso para o desenvolvimento de seus elementos de QE. Esperamos que sirva como um guia de sobrevivência para líderes religiosos, de modo que cada um possa florescer enquanto segue fielmente sua vocação. O desenvolvimento da QE é um processo de vida inteira, ao longo do qual amadurecemos emocional e espiritualmente, e durante o qual abandonamos nossas "maneiras infantis" (I Coríntios 13:11).

Explicação de nossa pesquisa e de nossa estrutura

Começamos nossos preparativos para este livro estudando as dezoito competências originalmente identificadas por Daniel Goleman e seus colegas (tabela 1.1).[16] Com base em sua pesquisa e em nossa experiência profissional, trabalhando com líderes religiosos e os entrevistando, resumimos as dezoito competências em seis traços que acreditamos serem os mais essenciais para a liderança religiosa: (1) autoconsciência emocional, (2) autocontrole emocional, (3) empatia, (4) consciência organizacional, (5) influência e (6) gerenciamento de conflitos. A ênfase nesses seis traços não pretende de modo algum indicar que os outros doze não são importantes para aqueles que atuam como líderes religiosos. Optamos por reduzir o processo de desenvolvimento de QE para podermos nos concentrar nos aspectos que acreditamos serem os mais prementes para líderes religiosos em seu trabalho. Esses traços cruciais estão listados em negrito na tabela 1.1. Em capítulos posteriores, mergulharemos mais profundamente nesses seis aspectos.

Como nossa pesquisa determinou que o atributo de autoconsciência emocional é fundamental para a QE de líderes religiosos, dedicamos os capítulos 2 e 3 a uma discussão sobre esse item crucial. Também incluímos um capítulo no qual tudo isso culmina (capítulo 9), "Espiritualidade do líder religioso emocionalmente inteligente". Esse capítulo amarra os seis traços de QE abordados neste livro e explica como líderes religiosos podem desenvolver sua espiritualidade para melhorar sua liderança religiosa. Contudo, convidamos você a correr antes os olhos por esse capítulo se quiser uma prévia sobre como os pontos se ligam para poder criar um relacionamento positivo entre seu processo de desenvolvimento em QE e sua espiritualidade.

Domínio	Competências
Autoconsciência	Autoconsciência emocional Autoavaliação acurada Autoconfiança
Autogerenciamento	Autocontrole emocional Transparência Adaptabilidade Realização Iniciativa Otimismo
Consciência social	**Empatia** **Consciência organizacional** Serviço
Gerência de relacionamento	Liderança inspiracional **Influência** Desenvolvimento de outros Catalisador de mudanças **Gerenciamento de conflito** Trabalho em equipe e colaboração

Tabela 1.1 Os quatro domínios da inteligência emocional

Avançando

Organizamos este livro de modo que os leitores possam (1) compreender como os vários traços da QE afetam seus relacionamentos interpessoais e a eficácia de sua liderança religiosa; (2) criar um plano para melhorar suas aptidões de QE nas áreas da autoconsciência emocional, do autocontrole emocional, da empatia, da consciência organizacional, da influência e do gerenciamento de conflito; (3) concentrar-se em si mesmos para expandir seu potencial como líderes espirituais de indivíduos e de comunidades de fé; e (4) experimentar uma profunda satisfação em seu trabalho.

Como leitor, você descobrirá que a progressão em todos esses itens flui naturalmente através das seis áreas da QE à medida que se apresentam. Apenas lembre-se disto: o desenvolvimento da QE não acontece de modo linear ou sequencial. O processo de crescimento emocional e espiritual é frequentemente tortuoso e reflexivo, especialmente à medida que nossa compreensão da QE se fortalece e aprofunda. No momento em que você está embarcando nessa notável aventura que é a exploração da QE, nós o estimulamos a prestar atenção em como suas percepções interiores e seus relacionamentos exteriores crescem e amadurecem, e no efeito que tem esse crescimento em sua liderança religiosa e espiritual.

2

Autoconsciência emocional como fundamento

As únicas pessoas que crescem com a verdade são as que são humildes e honestas.

FR. RICHARD ROHR[1]

Cada um de nós, (John, Roy e Nadyne) admitiu para os outros que tivemos momentos na vida que foram imprudentes e contrariaram nossos valores – e nos perguntamos *por quê*. Na época dessas ações, faltava-nos uma autoconsciência que nos permitisse considerar como nossas necessidades inconscientes e nosso ego tinham feito com que nos comportássemos de maneiras destrutivas, nocivas e contraproducentes. Cada um de nós compartilhou o sentimento do líder religioso anônimo que disse: "Se eu pelo menos me conhecesse melhor". Dessas experiências aprendemos o que Daniel Goleman e outros afirmaram: a autoconsciência emocional é o fundamento da QE, a qual, por sua vez, é essencial para uma liderança religiosa eficaz.[2]

O que é autoconsciência emocional?

O atributo da autoconsciência emocional é um conceito que já dura muito tempo. Por exemplo, Jesus incentivou seus discípulos a terem autoconsciência, como mostrado em Mateus 7:3-5:

Por que você olha para o grão de serragem no olho de seu irmão e não dá atenção à prancha em seu próprio olho? Como pode dizer a seu irmão,

"Deixe-me tirar esse grão de seu olho" quando o tempo todo há uma prancha em seu próprio olho? Seu hipócrita, primeiro tire a prancha de seu olho, depois você terá a visão clara para remover o grão de serragem do olho de seu irmão.

Mais adiante somos incentivados a buscar autoconsciência emocional em Provérbios 20:5: "Os propósitos do coração de uma pessoa são águas profundas, mas quem fizer introspecção os irá extrair". Outros exemplos de autoconsciência emocional podem ser encontrados na literatura antiga, inclusive o "conheça a si mesmo" do Oráculo de Delfos,[3] a autoavaliação e estratégia militar de Sun Tzu,[4] e a luta com seu "eu" espiritual na parábola afro-igbo.[5]

O atributo da autoconsciência emocional é a pedra angular da inteligência emocional. Ajuda-nos a compreender a nós mesmos de um modo que é desconhecido por aqueles que não têm esse atributo. Com a autoconsciência emocional, aprendemos o que nos instiga emocionalmente quando trabalhamos com outras pessoas, por que esses impulsos podem ser muito intensos, e como abordar essas respostas emocionais de maneira saudável. Sem ela, nossa capacidade de julgar pode ficar turvada por uma bagagem emocional e nossa liderança pode ser prejudicada. Um líder religioso explicou:

> Quando eu era mais jovem, havia sentimentos que eram muito mais intensos, e eu provavelmente estaria agindo com base neles. Agora eu sei como estou emocionalmente predisposto, e isso, creio, é útil. Mas sei que isso vem com o tempo e com a experiência, e leva algum tempo aprender quem você é e compreender a si mesmo.

Quando desenvolvemos autoconsciência emocional, compreendemos por que certos sentimentos ocorrem em diversas circunstâncias. Isso nos ajuda a descrever as razões subjacentes de nossos sentimentos, e como nossa percepção da realidade ativa nossas emoções e influencia nossos comportamentos. Embora nem sempre sejamos capazes de descobrir por que sentimos o que sentimos, podemos aprender no mínimo a administrar nossas emoções e o modo como elas afetam nossas decisões como líderes. O atributo da autoconsciência emocional é definido como: "ler suas próprias emoções e reconhecer seu impacto; usando o 'bom senso' para guiar as decisões".[6]

Nas seções que se seguem discutiremos alguns dos motivos pelos quais, na QE, o atributo da autoconsciência emocional tem um significado único para líderes religiosos. Por favor, note que este capítulo concentra-se em conceitos psicológicos e filosóficos que podem ser emocionalmente desafiadores. Nós incentivamos você a insistir neste capítulo, porque esses conceitos fundamentais são mencionados ao longo de todo o livro e são essenciais em seu trabalho geral de desenvolvimento da QE. Se necessário, dose seu ritmo ao assimilar o significado pessoal do que está lendo e como isso se aplica a seu papel como líder religioso.

O conceito do chamado

Líderes religiosos têm um entendimento próprio e único de qual é a sensação de se ouvir um "chamado de Deus". Um chamado é um fenômeno experimentado por aqueles que sentem uma compulsão intensa, persistente e divinamente inspirada para viver a serviço dos outros como sua profissão a longo prazo. É definido como "a inconfundível convicção que um indivíduo tem de que Deus quer que ele realize uma tarefa específica".[7] O recebimento de um chamado é um conceito sagrado: "Ouvi então a voz de Deus dizendo: 'Quem vou enviar, e quem irá por nós?' E eu disse: 'Aqui estou. Envie a mim!'." (Isaías 6:8). Podemos também nos identificar com os discípulos e com a Grande Comissão: "Vá, portanto, e faça discípulos de todas as nações, batize-os em nome do Pai, do Filho e do Espírito Santo, e ensine-os a obedecer a tudo que lhe ordenei" (Mateus 28:19).

O chamado pode ter um aspecto diferente para cada líder religioso. Pode ser algo análogo a Deus falando com Saul na estrada para Damasco, falando com Elias numa "fina voz silenciosa", ou chamando nossa atenção com medidas que parecem tão drásticas, como Jonas e seu grande peixe. Às vezes nosso chamado parece ser muito dramático, como no filme clássico *Sargento York*, cujo protagonista foi atingido por um raio como parte de sua experiência de conversão. Independentemente de como cada um experimente seu primeiro chamado, ele pode representar uma enorme quantidade de trabalho e de sacrifício para satisfazer a expectativa que Deus tem em relação a nós.

Nosso chamado pode ser uma parte maravilhosa de nossas vidas; no entanto, também podemos ser magoados por uma expectativa errônea de martírio que impomos a nós mesmos. Para muitos de nós, esse ensinamento começa em nossa educação formal, durante a qual nos contam histórias de crentes do século I que deram suas vidas pela causa cristã. Alguns de nós também se inspiraram em Jim Elliot, que foi chacinado pela tribo nativa dos Huaorani, no Equador, onde servia como missionário. Uma citação famosa de Elliot tem sido ensinada a muitos jovens estudantes religiosos: "Não é tolo aquele que dá aquilo que não pode guardar para ganhar aquilo que não pode perder".[8]

Felizmente, a maioria não traz consigo a expectativa de um martírio literal; no entanto, muitos de nós esperam viver uma vida de extremo sacrifício.[9] Esse paradigma pode tornar-se problemático, até mesmo perigoso, quando enfrentamos os desafios emocionais inerentes à atividade de ajudar os outros. Como as pessoas nunca crescem ou se curam totalmente, podemos sentir como se nosso trabalho nunca estivesse terminado. É parecido com uma citação do filme *Os incríveis*:

> Não importa quantas vezes você salve o mundo, ele sempre consegue voltar a ficar em risco. Às vezes, eu quero apenas que ele continue a estar a salvo! Sabe, por um tempinho? Sinto o mesmo que a faxineira; eu acabei de limpar essa bagunça! Podemos mantê-la limpa por... por dez minutos?![10]

Sem a autoconsciência emocional, nunca encontraremos o equilíbrio perfeito entre o que Deus espera de nós e as expectativas não realistas que adotamos para nós mesmos. Precisamos que a autoconsciência emocional nos ajude a identificar quando nosso desejo de servir fica contaminado por questões profundamente arraigadas, como uma dívida existencial, conflitos de ego e perfeccionismo.

Dívida existencial

A maioria de nós dedica a vida a ajudar pessoas porque sente uma sadia responsabilidade de servir os outros. No entanto, nossos motivos para servir também podem incluir uma tentativa inconsciente de "corrigir os erros" do passado. Essa obrigação pode dever-se a um trauma de infância e sentimentos de culpa correspondentes, que nos motivam a servir os outros como tentativa de saldar o que se percebe como uma dívida.[11] Por exemplo, uma criança que perdeu um dos pais pode adotar uma vida de liderança religiosa devido a uma necessidade profundamente instalada de ajudar outras pessoas por não ter sido capaz de salvar seu progenitor.

Em meu caso (John), quando eu era pequeno, minha mãe se suicidou. Não foi senão depois de ter servido como líder religioso durante muitos anos que me dei conta de estar motivado para salvar outras pessoas por vê-las como substitutas de minha mãe – que fui incapaz de salvar. Essa constatação não negava a importância da liderança religiosa que eu desempenhava em minha vida adulta, nem diminuía o valor do que eu contribuía para a vida dos outros. Contudo, ela ajudou a diminuir a incidência das sobrecargas que eu me impunha. Em vez de me afligir por cada congregante que deixava meu ministério, aprendi que não cabia a mim salvar a todos. Percebi que meu papel é servir com fé e comunicar a mensagem de Deus apenas àqueles que estão em meu âmbito de influência.

Para mim (Nadyne), começou quando, ainda pequena, eu gostava de ser elogiada quando agia com gentileza ou priorizava as necessidades dos outros às minhas próprias necessidades. Como, quando criança, eu era severamente castigada por minhas ações "egoístas", aprendi como me comportar "corretamente". E assim, sempre que me via não cuidando em primeiro lugar dos outros, eu me sentia culpada, ansiosa e me reprovava, lançando com isso as bases de minha dívida existencial. Não demorou muito e eu entrei no caminho de servir. Somando-se à complexidade de minha necessidade de ter sucesso e uma imagem positiva aos olhos dos outros, houve minha experiência de viver no Sudoeste como mexicana-americana, nas décadas de

1950 e 1960. Frequentemente eu ficava confusa e triste com a rejeição que sofria dos outros, o que me fez tentar mais ainda ser considerada uma pessoa boa e gentil. Como adulta, ficou evidente que eu era levada a servir pessoas que tivessem experimentado qualquer forma de rejeição e marginalização. Posteriormente, aprendi como também é importante cuidar de minhas necessidades físicas, emocionais e espirituais para que eu possa viver uma vida equilibrada e saudável, e servir os outros a partir de uma postura de compaixão, não de necessidade pessoal.

Eu (Roy) ingressei no seminário sem saber por quê. Em retrospecto, minha decisão foi toda pelos motivos errados, mas nunca me arrependi de minha escolha. Meu pai era um pregador luterano, desses que ameaçam pecadores com "fogo e enxofre", e eu pensei que se não fosse para o seminário passaria a eternidade no inferno. Estava fazendo aquilo para salvar minha alma. Passei a maior parte dos anos de meu crescimento imaginando do que os outros precisavam, e tentando dar isso a eles. Eu era um benfeitor natural, tentando agradar todo mundo. No entanto, quando já era adolescente, passei por grande conflito entre meu desejo de servir a Deus e uma sexualidade crescente, que às vezes me assoberbava. Tinha entrado do seminário esperançoso de que meu impulso sexual diminuísse. Minha imagem do seminário era a de entrar em algum tipo de ordem sagrada que me ajudaria a controlar esse estado profano. Nossa, como fiquei surpreso por meu treinamento acadêmico ser baseado na Bíblia e em teologia em vez da experiência espiritual positiva que eu estava esperando. No entanto, minha primeira experiência como pastor paroquial luterano e capelão de estudantes foi o início de um novo capítulo em minha vida. Foi então que compreendi verdadeiramente meu chamado, e desde então não voltei atrás.

O desenvolvimento da autoconsciência emocional pode nos ajudar a compreender nossos motivos para ingressar na liderança religiosa. Também pode nos ajudar a manter as exigências da liderança religiosa na perspectiva adequada, e a nos proteger de hábitos não sadios, como um engajamento desmedido, autonegligenciamento e uma tendência a agradar as pessoas. Resumindo, nos resguardar da tentativa de realizar mais do que deveríamos e de nos sobrecarregar demais.

Ego e húbris

Muitos dos líderes religiosos que entrevistamos explicaram que precisavam frequentemente examinar seu ego, para que não os afetasse, desviando, indevidamente, sua atitude e suas decisões. É preciso dizer que o ego não é algo que sejamos capazes de eliminar; ele é parte permanente de nós. Neste livro, fazemos uma distinção entre o "ego" e a "força do ego". Reconhecemos que cada um de nós tem de desenvolver uma força de ego (que é uma percepção forte e necessária de seu "eu") suficiente para arcar com o ônus emocional e espiritual inerente à liderança religiosa.[12] Em contraste, o "ego" se define como "aquela parte do eu que quer ser significante, central e importante por si mesma, à parte de qualquer outro componente da pessoa. O ego quer ser separado e também superior, é defensivo e autoprotetor pela própria natureza".[13]

Nosso ego é como um litigante em tempo integral que insiste em montar uma defesa vigorosa em nosso benefício. Ele é rápido em assumir nossa causa à menor percepção de deslize ou falha, ou de desafio a nosso alto padrão moral. Simplificando, nosso ego é, em sua própria essência, inseguro e hipervigilante, e incapaz de aguentar qualquer percepção de falha.[14] Padre Richard Rohr, um sacerdote e teólogo franciscano, explicou que o objetivo primordial de nosso ego é eliminar todo *feedback* negativo, de modo que possamos nos sentir inimputáveis e superiores aos outros.[15]

Devido a essa questionável influência de nosso ego, nossa atitude e correspondente comportamento podem ser adversamente afetados de maneiras sutis, porém significativas. Nosso ego também pode ser descrito como a fome insaciável de um adolescente, com seu proverbial estômago sem fundo. Como tal, ele tenta continuamente saciar nossa fome psicológica provando que somos incontestavelmente valorosos. Alguns exemplos de atitudes e comportamentos acionados por nosso ego incluem:

→ Precisamos provar que, na maioria das vezes, estamos "com a razão".

→ Envolvemo-nos em discussões em relação à existência de Deus com não crentes.

→ Nos mostramos altamente críticos de outros cristãos e outras religiões porque não adotam nossas crenças ou nosso código religioso.

→ Ficamos preocupados com a possibilidade de que outros membros da equipe ou colegas nos superem em nossa posição.

→ Ficamos aflitos com a possibilidade de que se atribua a outras pessoas o crédito por nossas ideias.

→ Estamos frequentemente temerosos de parecer tolos ou de cometer erros embaraçosos.

→ Vemo-nos em constantes disputas com membros da igreja no tocante a interpretações ou ensinamentos das escrituras.

→ Temos dificuldade em dar crédito a outras pessoas por suas ideias.

→ É difícil para nós admitir que estamos errados ou nos desculparmos por isso.

→ Somos inflexíveis quanto à nossa agenda ou ao nosso planejamento do trabalho, ou incapazes de incorporar a colaboração de outros.

→ Sentimo-nos infelizes a menos que sintamos que estamos vencendo ou derrotando outra pessoa.

→ Só achamos que estamos tendo sucesso quando nosso ministério cresce em termos numéricos.

→ Guardamos rancor contra quem achamos que se comportou mal conosco.

→ Preocupamo-nos demais com o que os outros pensam de nós.

Nosso ego mantém uma estreita relação com a húbris, ou orgulho desmedido. A húbris ocorre quando nosso ego fica inflado devido às nossas conquistas. Uma vez tendo a húbris infectado nossa atitude, pode se tornar difícil lembrar os motivos bons pelos quais atendemos a nosso chamado. Como confessou um líder religioso: "Eu fui culpado. O orgulho e uma autoatribuição de importância foram envoltos e distorcidos em paixão, comprometimento e um desejo de servir". Desenvolver a autoconsciência emocional nos assegura a oportunidade de refletir sobre como essas obsessões do ego podem poluir nossa atitude em relação à liderança religiosa. Ou seja, começamos a compreender que nem todo comportamento que demonstramos pode estar sendo motivado por razões altruísticas.

Podemos ser tentados a construir nosso império, formar um legado, ou nos esforçar para realizar "grandes coisas". Infelizmente, essa atitude de autopromoção pode diluir nosso chamado e prejudicar nossa liderança. Se não for controlado, nosso ego poderá nos tornar nosso pior inimigo. Como disse Rocky Balboa a seu protegido, enquanto treinava diante de um espelho: "Você está vendo este cara olhando de volta para você? Ele é seu mais duro oponente. Creio que isso é verdade no ringue, e é verdade na vida".[16] Assim, para nós, é essencial estar sempre consciente de como nosso ego pode nos levar à tentação e manchar a pureza de nosso chamado. O rei Salomão fornece um *insight* quanto a essa armadilha: "O orgulho precede a ruína, e a altivez de espírito precede a queda" (Provérbios 16:18). Um líder religioso explicou sua experiência:

Meu coração ainda anseia por um lugar onde ele seja necessário, por contribuir, por desempenhar um papel nas grandes coisas que acontecem, por corresponder às necessidades de outros. E isso, por si mesmo, não é ruim. Mas se acrescentar o mínimo de honestidade que estou permitindo a mim mesmo, devo também admitir que meu coração anseia por poder, prestígio e status.

Humildade

O antídoto para um ego inflamado e um orgulho excessivo é a humildade, como é expresso em Provérbios 11:2: "O orgulho leva à desgraça, mas com a humildade vem a sabedoria". De fato, Jesus ensinou a importância de a humildade superar o autoengrandecimento, quando ensinou que "os primeiros serão os últimos e os últimos serão os primeiros" (Mateus 20:16). Com humildade, sabemos quem somos e constatamos que estamos fazendo o melhor de que somos capazes. Podemos então encontrar paz e equilíbrio entre nossas vitórias e derrotas, ganhos e perdas, triunfos e fracassos. A verdadeira humildade alivia a tensão entre o esforço por nos tornarmos líderes religiosos exemplares e o fato de conhecermos nossas limitações. Resumindo, somos incapazes de aumentar nossa autoconsciência emocional sem uma postura humilde. Sem ela, é simplesmente muito doloroso olharmos bem de perto para nós mesmos.

Viver enquanto nos empenhamos em nosso chamado cria um interessante paradoxo. Quanto mais duramente tentamos nos tornar pessoas justas, mais somos tentados a nos considerar melhores do que os outros. Infelizmente, quanto mais tentamos ser "bons" cristãos, mais nos desviamos da maturidade espiritual. No entanto, uma vez tendo aprendido a aceitar a nós mesmos como seres humanos falíveis, que vivem em meio a pessoas também falíveis, nosso senso do "eu" pode ganhar equilíbrio. É a essa altura que podemos encontrar um descanso emocional e espiritual, pois nosso ego pode relaxar. Como escreveu Thomas Merton: "O orgulho nos faz artificiais, e a humildade nos faz reais".[17] A filosofia budista reforça a importância desse equilíbrio: "Quando as coisas estão indo bem, fique atento à adversidade... quando estiver sendo respeitado, fique atento à humildade".[18]

Na busca por humildade, temos de ser cautelosos para não permitir que nosso ego seja esmagado, para não experimentar humilhação ou vergonha tóxica.[19] Com a humildade, podemos manter nossa dignidade; contudo, com a humilhação, podemos nos considerar desprovidos de valor e inúteis. É possível encontrar o equilíbrio adequado entre os dois quando consideramos que somos santificados e chamados por Deus para servir os outros. Podemos então aprender a ser gentis conosco e com outros, apesar de nossa humanidade e por causa dela: "Portanto, como eleitos por Deus, santos e ternamente amados, revesti-vos de compaixão, bondade, humildade, gentileza e paciência" (Colossenses 3:12). A humildade, pois, vem de uma avaliação honesta e gentil, e da aceitação de nossas fraquezas e imperfeições.

Como líderes religiosos, somos enormemente pressionados para sermos super-homens. No entanto, precisamos apenas estar em paz com nosso status de filhos de Deus (Gálatas 3:26), que nos veste com sua graça (Tito 3:5-7). A aceitação de estarmos de bem com Deus liberta efetivamente nosso ego de sua incansável busca de absolvição. Podemos então compreender o que John Eldridge quis dizer quando nos incentivou a sermos autênticos e transparentes: "Deixe que as pessoas sintam todo o peso de quem você é, e deixe [os outros] lidarem com isso".[20] A autoconsciência emocional nos permite aprender de forma mais completa sobre nós mesmos e aceitar com segurança o que descobrimos, quer consideremos a revelação atraente ou não. Ao abraçarmos a autenticidade e a transparência, a humildade pode surgir em nosso caráter como um fenômeno natural que nos liberta da maldição da húbris e de nosso ego inflado.

Perfeccionismo

É muito fácil esperarmos demais de nós mesmos como líderes religiosos. Em parte, esperamos ser perfeitos, porque espera-se que sejamos um excelente exemplo para os outros. Além disso, nos forçamos a ser perfeitos porque achamos que Deus espera isso de nós. Contudo, apenas Deus é perfeito, e perseguir a ilusão da perfeição é emocional e espiritualmente destrutivo (Marcos 10:18; Romanos 3:23).

O perfeccionismo baseia-se no pensamento dualístico de que somos pessoas OU boas OU más. Infelizmente, nossa autopercepção costuma ficar travada no lado sombrio dessa escala. Em alguns casos, isso pode levar ou a um padrão de superação ou a um estado de paralisia no qual não conseguimos de todo tomar decisões. Eis alguns exemplos de perfeccionismo que líderes religiosos experimentam:

→ Nós nos martirizamos quando cometemos um erro.
→ Nunca achamos que já fizemos bastante para merecer um descanso.
→ Nós nos recriminamos sempre que um congregante está infeliz.
→ Acreditamos que todo problema pode ser corrigido se for feito um pouco mais de esforço.
→ Acreditamos que toda tarefa deve ser executada corretamente, ou não deve ser executada de todo.
→ Preocupamo-nos em saber se nossas decisões nos mantiveram na graça de Deus, ou se falhamos em atender à Sua vontade.

Jonathan Kellerman captou com perspicácia como são as coisas para os que sofrem com o perfeccionismo: "Vocês estabelecem altos padrões para si mesmos, e quando são bem-sucedidos ignoram o sucesso e imediatamente elevam os padrões. Mas quando fracassam, não deixam passar. Punem a si mesmos, dizendo que são uns inúteis".[21]

Uma vez tendo o perfeccionismo infectado coração e mente, ele nos influencia a exigir excelência e indefectibilidade de nós mesmos e de todos ao redor. No entanto, o foco de nosso trabalho é com seres humanos, e a humanidade é imperfeita. Nosso trabalho, portanto, nunca poderá ser perfeito. Por isso, temos de ter compaixão pelos outros e por nós mesmos, ou a liderança religiosa parecerá ser continuamente uma situação sem saída, na qual nenhum sucesso é possível.

Nosso falso "eu"

Quando criamos um sistema interno de perfeccionismo para esconder nossas falhas, criamos simultaneamente um "falso eu" externo. Infelizmente, esse disfarce tende a se tornar comum entre líderes religiosos. As altas expectativas dos outros, junto ao nosso impulso interior de sermos irrepreensíveis, combinam-se para criar uma imensa pressão sobre nós. Como mencionado anteriormente, as válvulas de descompressão são a humildade, a transparência e a autenticidade.[22]

Infelizmente, temos uma tendência natural de ocultar nossas deficiências, da mesma forma que fez Adão no Jardim do Éden (Gênesis 3:6-8). Como resultado, tendemos a exibir um falso "eu" para nos proteger do julgamento dos outros. A essência do falso "eu" foi capturada, liricamente, no romance *Freedom of the Mask* [*A liberdade da máscara*]:

> Seu rosto era uma máscara, que não demonstrava emoção. Tudo estava trancado lá dentro, e talvez essa fosse uma liberdade da máscara... a aptidão para mostrar ao mundo um rosto falso, enquanto guardava todo o tormento bem fundo no interior, mostrar ao mundo em essência uma pessoa falsa, um constructo da circunstância.[23]

Lamentavelmente, nosso falso "eu" é um constructo artificial, e falta-lhe todo o peso e poder contidos dentro do "eu" autêntico. Cumprir os deveres que exigem de nós e manter simultaneamente um falso rosto consome uma quantidade enorme de energia. Por exemplo, pagamos um preço para manter a impressão de perfeição num ambiente de trabalho emocionalmente carregado. Além disso, ocultar as emoções nos impede de criar relações saudáveis com outras pessoas, porque as impedem de nos conhecer verdadeiramente.

Quando nos escondemos atrás de uma fachada, tornamo-nos um exemplo de inautenticidade. Depois de tentar atuar como uma pessoa perfeita durante algum tempo, vamos acabar proclamando: "Poupem-me da perfeição. Deem-me, em vez disso, a completude que vem de assumir a realidade total de quem eu sou".[24] Uma vez tendo assumido nossos "eus" autênticos, não sentiremos mais a carga de "falseá-los", ou de nos perguntarmos se os outros gostariam de nós se realmente nos conhecessem. Como escreveu Donald Miller: "É melhor sentir que as pessoas gostam de meu eu real do que sentir que gostam do eu que inventei".[25]

A sombra

O conceito de sombra formulado por Carl Jung também é útil quando aprendemos a aceitar a nós mesmos como uma pessoa complicada, formada de qualidades boas e más.[26] Aqueles entre nós que são cristãos acreditam que somos transformados espiritualmente por Cristo em algo novo (2 Coríntios 5:17). No entanto, nossa metamorfose espiritual não revoga a imperfeição de nossa condição humana (Romanos 7:15-19, 12:2). Para nós, talvez seja confuso compreender por que ainda temos um "lado obscuro", a despeito de nosso crescimento espiritual e emocional. O conceito de sombra foi a maneira com que Jung descreveu esses elementos que queremos negar e manter ocultos, até de nós mesmos.

Devemos aprender a aceitar a nós mesmos como seres imperfeitos, ou nossa sombra acabará encontrando formas de expressão não saudáveis. Quando isso acontece, nossa sombra pode irromper de seu lugar de dormência com um comportamento severamente destrutivo e com terríveis consequências humanas, como a devastação infligida à antiga cidade romana de Pompeia pelo até então adormecido vulcão no monte Vesúvio. O romancista Troy Denning referiu-se acertadamente a esse perigoso fenômeno como uma crise da sombra.[27] Essas erupções emocionais são causadas por impulsos viscerais que mantemos trancados à parte, que são posteriormente despertados por "gatilhos" emocionais. Felizmente, a busca da autoconsciência emocional pode ajudar-nos a identificar e lidar com esses elementos de sombra antes que eles sabotem nossos relacionamentos e prejudiquem nossa liderança.

Uma vez tendo aprendido a aceitar que nossas qualidades "inaceitáveis" não fazem com que sejamos pessoas terríveis, podemos começar a aceitar o espectro completo de nossa humanidade. Jung descreveu adequadamente esse processo como a integração da personalidade.[28] Esse processo de integração fará de nós, afinal, pessoas mais fortes e mais saudáveis, livrando-nos de uma filosofia que se restringe a preto e branco e que exige de nós que nos caracterizemos como pessoas ou boas ou más. Como expressou poeticamente a romancista Lisa Fantino: "Cada um de nós vive na zona cinzenta, nas sombras entre o que é exato e o que é desconhecido".[29]

Com a QE, podemos aprender a revelar nossos eus autênticos e superar nosso medo de sermos julgados. Tirar nossa máscara também nos permite construir níveis crescentes de confiança e influência. Lembre-se, temos primeiro de aprender a ser autênticos conosco antes de podermos ser autênticos com os outros. Assim poderemos constituir um exemplo emocionalmente honesto para as pessoas seguirem. Como disse um líder religioso: "Honestidade e transparência são os melhores recursos em minha cartola".[30]

Ao nos permitirmos ser "perfeitamente imperfeitos", abrimos o coração para uma autoperspectiva mais amena, que inclui nossa sombra. É preciso ter coragem para enfrentar as facetas menos atraentes de nosso eu, que violam nossa percepção do que é "bom", quer o parâmetro provenha de normas religiosas ou sociais. "Uma das grandes surpresas na jornada humana é que alcançamos uma consciência plena exatamente projetando as sombras, enfrentando nossas próprias contradições e convivendo com nossos erros e falhas."[31]

É essencial aprender a aceitar a nós mesmos como indivíduos cujo processo de crescimento emocional e espiritual está sempre inacabado. Com essa perspectiva, podemos humildemente aprender as lições que Deus reserva para nós e experimentar a alegria de saber que Ele está continuamente operando em nossas vidas. Uma vez adotada essa ideia, nossa liderança religiosa pode crescer de maneiras que mal podemos imaginar à medida que caminhamos firmemente para a maturidade emocional e espiritual.

Conclusão

Sem a autoconsciência emocional, não temos os recursos necessários para abordar nossa própria confusão emocional, muito menos para lidar com os complexos problemas emocionais e espirituais enfrentados pelos outros. Ao melhorar a autoconsciência emocional, podemos aprender quais são nossas forças e fraquezas, purificar nossa motivação para servir aos outros e encontrar paz no conjunto de nossa personalidade e condição humana. Essa busca de autoconsciência emocional requer humildade e coragem, mas é um empreendimento dos mais valiosos, que pode nos fortalecer e aumentar nossa eficácia quando servimos aos outros.

3

Desenvolvendo a autoconsciência emocional

Eu gostaria de me conhecer melhor.
PASTOR ANÔNIMO

Embora a declaração acima seja procedente de uma entrevista que fizemos, nós três pronunciamos ou gritamos as mesmas palavras mais de uma vez em nossas vidas. O pouco que compartilhamos sobre nós no capítulo 2 deve lhes dar uma indicação de nossa condição humana – e da consciência que temos de nossa vulnerabilidade. Cada um de nós tem estado numa jornada desafiadora e gratificante, embora cada passo nos leve a outra descoberta que traz consigo mais um desafio. Essa é a natureza do desenvolvimento emocional e espiritual, como certamente vocês devem ter constatado.

No capítulo 2, estabelecemos a importância de um atributo fundamental da QE, a autoconsciência emocional, para líderes religiosos. Também destacamos os desafios e benefícios inerentes ao processo de desenvolvimento dessa autoconsciência. E sim, ele pode ser um empreendimento assustador e complexo. Felizmente, descobrimos que múltiplos recursos estão disponíveis para nos ajudar na busca por melhorar a autoconsciência emocional. Neste capítulo, exploramos várias dessas opções que facilitam nosso crescimento nesse atributo essencial da QE. Os recursos que recomendamos incluem avaliações de temperamento e de tipo de personalidade, estratégias para ganhar perspectiva interior e técnicas para solicitar de outras pessoas *feedback* e orientação. Pessoalmente, temos utilizado em nossa vida tudo que aqui compartilhamos.

Teoria do temperamento e tipo de personalidade

Uma das maneiras primordiais pelas quais podemos desenvolver a autoconsciência emocional é estudar o conceito da teoria do temperamento. A principal premissa da teoria do temperamento é que cada pessoa é equipada, desde que nasce, com características específicas de personalidade. Mediante uma compreensão maior da teoria do temperamento, aprendemos muito sobre nós mesmos, aumentando inclusive o conhecimento de nossas forças e fraquezas.

A teoria do temperamento originou-se nos antigos ensinamentos de Hipócrates, que apresentou, em quatro partes, uma avaliação e categorização da teoria do temperamento. Desde então essa teoria foi refinada e amplamente disseminada por vários psicólogos e autores modernos. Estão disponíveis muitos instrumentos de teste, que líderes religiosos podem utilizar para avaliar seu temperamento, inclusive o Indicador de Tipo Myers-Briggs, o Classificador de Temperamento de Keirsey, o Perfil do Ministro, o Perfil de Personalidade DISC e o StrengthsFinder.

Entre esses, uma das mais comumente conhecidas ferramentas de avaliação de personalidade é o Indicador de Tipo Myers-Briggs (na sigla em inglês, MBTI). O MBTI categoriza a personalidade de cada pessoa de acordo com quatro indicadores essenciais:

1. Extroversão (E) contra Introversão (I)
2. Sensorial (S) contra Intuição (N)
3. Razão (T, de *Thinking*) contra Sentimento (F, de *Feeling*)
4. Julgamento (J) contra Percepção (P)

(Mais informações sobre os indicadores de temperamento podem ser encontradas [em inglês] em <http://www.myersbriggs.org/my-mbti-personality-type/mbti-basics>.)

Usando o MBTI ou outras ferramentas de avaliação de temperamento disponíveis, aprendemos mais sobre nós mesmos e sobre como reunimos informação, tomamos decisões e operamos no mundo. Resumindo, adquirimos autoconsciência de como somos mental e emocionalmente configurados. Começamos a compreender por que progredimos em certos elementos do ministério e temos dificuldades em outros aspectos. Sem essa autoconsciência ficamos sem compreender por que alguns deveres do ministério nos são mais desafiadores. A análise do temperamento também nos ensina sobre o que motiva nosso tipo de temperamento. Não só podemos aprender o que motiva nosso temperamento específico, como também podemos compreender o que motiva outras pessoas conectadas com nosso trabalho no ministério. A compreensão dos tipos de temperamento dos outros, e de como diferentes temperamentos podem reagir uns com os outros, pode nos ajudar muito em nossas interações com as pessoas a quem servimos, colegas, membros de diretoria e líderes de denominações.

Uma ferramenta mais complexa para o autoconhecimento é o Enneagram. Ele se baseia em nove tipos de personalidades interconectados e tem sido sintetizado para muitas tradições espirituais e religiosas, que remontam a antigas civilizações médio-orientais e asiáticas. O cerne do Enneagram tem como base uma perspectiva universal de que os seres humanos são presenças espirituais encarnadas no mundo natural, corporificando a mesma vida e o mesmo espírito de nosso criador; a luz de Deus reluz em todo indivíduo. O Enneagram tem que os humanos nascem com certos temperamentos – necessidades específicas que são ou satisfeitas ou frustradas em suas primeiras experiências. Dessas experiências forma-se nossa personalidade humana. Contudo, o Enneagram nos informa que somos mais do que as limitações de nossa personalidade. É em nossa *essência* que encontramos nossa verdadeira natureza. Nossa personalidade é meramente um aspecto de quem somos. Usando uma das ferramentas desenvolvidas pelos especialistas modernos no Enneagram, podemos descobrir nosso "tipo" e outros fatores que afetam o modo como pensamos, sentimos e nos comportamos.[1] O Instituto Enneagram descreve os nove tipos de personalidade em seu website (em inglês): <https://www.enneagraminstitute.com/typedescriptions>. Em acréscimo, Richard Rohr detalha a fraqueza de cada tipo do Enneagram em seu *workshop* em vídeo (em inglês): *The Enneagram: The Discernment of Spirits.*[2]

Aprender sobre nós mesmos estudando o Enneagram pode expor nossa "sombra", como mencionado no capítulo 2. Isso pode constituir uma epifania incômoda ou embaraçosa quando experimentamos pela primeira vez esse processo de descoberta. Em geral, estamos lutando com os elementos obscuros e sombrios de nosso "tipo" no decurso da vida; no entanto, aprender as especificidades de nosso tipo aumenta a autoconsciência emocional, e nos fornece a opção de alimentar e enfatizar os elementos positivos de nossa personalidade no dia a dia. Qualquer desconforto que experimentemos neste ou em outro processo de autodescoberta é um componente essencial, necessário a nosso objetivo de obter uma melhor autoconsciência emocional. O Enneagram pode ser, além disso, um guia para o crescimento psicológico e espiritual *se buscamos isso além de aprender quais são os componentes básicos de nosso tipo.*

É vital saber que o uso dessas ferramentas para aprender sobre nosso tipo de temperamento ou personalidade não deveria limitar-se a uma experiência apressada, de curto prazo. O simples ato de fazer um inventário de nós mesmos, e de ler sobre nosso tipo, será apenas o início da autodescoberta. Essa experiência é muito mais esclarecedora, e muito mais provavelmente mudará nossos comportamentos, se formos orientados ao longo do tempo por um profissional treinado e certificado no uso de tais ferramentas.

Posteriormente poderemos compreender a teoria do temperamento bem o bastante para ensinar outras pessoas em nossa organização, de modo que nossas interações possam se tornar mais saudáveis e mais eficazes. Contudo, tanto o MBTI quanto o Enneagram baseiam-se em teorias complexas e só deveriam ser administrados após um treinamento especial com especialistas. *Workshops* e aulas on-line estão disponíveis para certificação no uso dessas ferramentas, numa variedade de grupos de treinamento, inclusive o MBTI Training Institute (https://mbtitraininginstitute.myersbriggs.org/) e o Enneagram Institute (http://www.enneagraminstitute.com), ambos em inglês.

Adquirindo uma perspectiva interior

Meditação

Um método fundamental para aprender sobre nós mesmos vem do exercício de meditação refletiva, uma prática antiga que antecede o cristianismo, tanto na tradição judaica quanto na budista. A meditação envolve aquietar nossa mente durante um período, o que nos permite prestar atenção a nossas sensações corporais, nossos pensamentos e sentimentos, e nossa condição espiritual. Pode ser muito difícil para nós justificar essa prática como um exercício habitual devido à intensidade de nossas agendas e às contínuas interrupções que interferem em nossa atenção. É essa falta de um "momento tranquilo" que nos impede de reconhecer sinais de alerta internos e mensagens com marcas emocionais que possam evitar maus passos em nossas vidas pessoais e profissionais. Ao aprender a olhar para dentro para descobrir mais sobre nós mesmos, trocamos nossa "máscara" por um espelho, e fazemos um inventário cuidadoso e honesto da condição em que está nosso coração. Ao fazer isso, compreendemos a declaração de um autor anônimo: "Quando você olha no espelho, está olhando para um problema. Mas, lembre-se, está olhando também para a solução".

Talvez o supremo benefício da meditação seja que ela oferece a Deus a oportunidade de se comunicar e comungar conosco. Quando, ao fazer o trabalho de Deus, ficamos atarefados demais para passar um tempo livre com Ele, ficamos mais parecidos com Marta, que estava ocupada preparando o evento em homenagem a Jesus, do que com Maria, que ficava aos pés de Jesus "ouvindo o que ele dizia" (Lucas 10:38-42). Uma das etapas da meditação pode incluir primeiro ler as Escrituras ou material devocional, preparando o coração e a mente para mensagens espirituais e clareza emocional.

Outro elemento da meditação envolve encontrar um lugar tranquilo que limite os estímulos externos, isolando-nos num lugar silencioso em casa, no trabalho (como no santuário da igreja), ou ao participar de um retiro espiritual. Considerando a importância da meditação, disse o salmista: "Que minha meditação lhe seja agradável, pois eu me alegro no Senhor" (Salmos 104:34). Por meio da meditação, somos capazes de contemplar nossas descobertas emocionais e espirituais, e de permitir que essas revelações se tornem o material de que precisamos para crescer e aumentar nossa maturidade emocional e espiritual.

Aos que não estão familiarizados com a meditação, é aconselhável buscar instruções de como proceder com sucesso. Uma variedade de livros, gravações, webinários, blogs e aulas sobre meditação está disponível e pode ser encontrada com uma simples busca na internet.

Oração contemplativa

Junto à meditação, podemos descobrir a arte perdida da oração *apofática*, à qual também pode ser chamada de oração contemplativa. Ela é atualmente praticada em mosteiros, conventos e centros de oração contemplativa por todo o mundo. A oração apofática difere da prática comum da oração catafática (figura 3.1). Com a oração catafática, nos comunicamos com Deus por intermédio de orações em particular ou em grupo, liturgias e hinos. As escrituras estimulam-nos a falar diretamente com Deus em súplica, louvor, agradecimento, confissão, intercessão e assim por diante, e esses tipos de oração não devem ser desencorajados de nossa prática espiritual (Filipenses 4:6-7; 1 João 1:9). No entanto, o risco de só praticar a oração catafática é que ela oferece poucas oportunidades para ouvir a Deus. Com a oração apofática, invertemos a direção de nossa energia e de nossas orações, e tentamos nos colocar num modo receptivo de comunicação espiritual. Como escreveu Manney: "A oração apofática não tem conteúdo. Significa esvaziar a mente de palavras e ideias e simplesmente permanecer na presença de Deus".[3] A ideia básica da oração apofática é permitir que Deus nos guie numa "fina voz silenciosa" (1 Reis 19:11-13).

A melhor maneira de compreender o contraste entre a oração catafática e a apofática é imaginá-las como as extremidades opostas de uma polaridade. Passar algum tempo na oração catafática e na apofática é essencial para uma vida de oração saudável, e podemos ir e voltar entre os dois polos para satisfazer todo o nosso âmbito de necessidades. A oração apofática é a melhor opção para desenvolver nossa autoconsciência emocional, porque nos dá a oportunidade de ouvir e permite que Deus oriente nossas reações emocionais e decisões na vida. A oração apofática também é um meio poderoso para construirmos nosso relacionamento com Deus.

Conexão com Deus	
→ Falamos com Deus → Envio de palavras e imagens de Deus → Liturgia → Hinário → Oração em particular e em grupo → Comunicar nossos sentimentos a Deus → Louvor e agradecimento a Deus	→ Deus fala conosco → Meditação → Oração contemplativa → Deus está na fina voz silenciosa → Abertos à revelação sobre nós mesmos → Abertos a aprender sobre Deus → Nossa mente é desonerada pelo "eu"
↑ Método/benefícios Oração catafática ⤵ Riscos ↓	Método/benefícios ↑ ⤷ Oração apofática Riscos ↓
→ Pouca ênfase em ouvir Deus → Assumimos que Deus não quer falar conosco → Somos ensinados a enviar pedidos a Deus → Não nos ensinam a como prestar atenção à orientação de Deus	→ Nossa vida de oração torna-se passiva demais, aberta e sem foco → Não levamos nossos pedidos ou preocupações a Deus → Esquecemos o que Jesus nos ensinou: "Peça e receberá, bata à porta e ela se abrirá para você"
Alienação de Deus	

Tabela 3.1. Espiritualidade catafática *versus* espiritualidade apofática

Quando nos preparamos para ouvir a Deus numa oração contemplativa, primeiro temos de ser capazes de ouvir nossa própria mente, nosso coração, nosso corpo e nosso espírito. Cynthia Bourgeault descreve esse tipo de oração como "consentir com a presença e a ação de Deus".[4] Essa prática requer que fiquemos cada vez mais conscientes e observantes dos pensamentos, sentimentos e das sensações corporais que estão em ação em qualquer dado momento. Previsivelmente, nosso ego também oferece resistência quando começamos esse processo, e nossa atenção pode ser facilmente desviada quando somos lembrados de nossas responsabilidades diárias, desafios relacionais e agendas pessoais. Por exemplo, a lembrança da ofensa que sofremos de um colega pode vir à mente e perturbar nosso processo de meditação. Esses distúrbios, similarmente, nos impedem de ouvir a Deus e de receber sua comunicação diária conosco. No entanto, uma vez tendo aprendido a nos disciplinar para ouvir em silêncio, a autoconsciência emocional pode aumentar consideravelmente. Isso nos dá recursos fundamentais para reflexão e *insight* interiores.

Como parte integrante de nossa vida de oração, a prática de ouvir a Deus tem sido referida como "oração nos dois sentidos", como descrita no 11º dos Doze Passos dos Alcoólicos Anônimos (AA).[5] Com a oração nos dois sentidos, não passamos todas as nossas orações falando com Deus. E sim, damos a Deus sua vez de falar. Como em toda conversa entre duas pessoas, a conexão emocional é mais forte quando os dois lados são ouvidos. Ao prestar atenção a Deus, que nos orienta como um progenitor amoroso, crescemos emocional e espiritualmente de um modo que não faríamos se não fosse assim (Romanos 8:14).

O Grande Livro dos AA nos provê um teste simples para determinar se nossa prática de meditação e de oração contemplativa está permitindo que Deus se comunique conosco, ou se estamos impondo a agenda de nosso ego.[6] Após orarmos segundo o que temos em mente, podemos registrar por escrito nossos pensamentos. "Quando terminamos nosso 'tempo silencioso', verificamos o que temos no papel. Se o que escrevemos é *honesto*, *puro*, *não egoísta* e *amoroso*, podemos estar igualmente certos de que esses pensamentos são dirigidos a Deus. Por outro lado, se o que escrevemos é *desonesto*, *cheio de ressentimento*, *egoísta* ou *receoso*, podemos da mesma forma estar certos de que esses pensamentos estão centrados em nós mesmos" (AA, 11º passo).

Para muitos de nós, as aptidões para a meditação e a oração contemplativa foram negligenciadas em nossa educação formal. Isso possivelmente acontece porque é esperado que lideremos as orações em ambientes públicos, como parte de nossos deveres no ministério.

No entanto, nunca é tarde para desenvolver nossa aptidão para a oração contemplativa. Idealmente, podemos aprender a integrar a capacidade de ouvir e de falar a Deus numa prática de reflexão diária.

Manter um diário

Outro método prático para nos envolvermos em autorreflexão é manter um diário. Esse processo diz respeito ao ato de registrar por escrito como nos sentimos em relação a eventos e ocorrências impactantes em nossa vida. O processo mecânico de escrever um diário permite que a mente e o coração processem nossos pensamentos e sentimentos de modo singular e sadio.[7] Para alguns, preservar o conteúdo de seus registros no diário pode representar uma fonte profunda para reflexão futura, como se fosse um tipo de livro com uma história emocional. Para os que valorizam muito a privacidade, manter tal registro pessoal disponível para possível revelação cria um risco inaceitável. Se isso o preocupa, é possível manter a privacidade destruindo cada registro no diário – ou escrevendo-o em forma de código, como usar apenas a primeira letra de cada palavra para obstruir o significado do texto do diário a leitores indesejados.

Para começar um diário pela primeira vez, pode ser útil utilizar um roteiro. Um modo eficaz de começar a escrever é com este simples esquema: "Eu sinto _____ em relação a _____ porque _____". Esse processo básico nos permite identificar o que estamos sentindo, e por que nos sentimos assim. Para alguns, essa será uma atividade nova, e será preciso algum tempo de prática para reconhecer cada emoção. A utilização da Feeling Wheel [Roda dos Sentimentos][8] pode ajudar, assim como a de um diagrama similar que liste as diferentes emoções num quadro de referência. O diário pode ser escrito num formato de parágrafos estruturados, de forma livre ou mesmo em versos. Outro método que pode estimular a escrita de um diário é começar com uma citação, um texto devocional, ou uma figura como fonte de inspiração. O uso desse método pode criar alguns resultados surpreendentes ao trazer uma perspectiva criativa para nossa vida interior.

Às vezes os diários podem ser usados para registrar sonhos (e pesadelos). Embora a interpretação de sonhos possa ser imprecisa, sabemos que a mente inconsciente utiliza os sonhos como um mecanismo necessário para processar elementos emocionalmente impactantes. Isso pode incluir elementos que nos assustam, entristecem e enraivecem, cenários que nos dão esperança e alegria, ou experiências que nos afetam de modo profundo. Captar os pontos principais dos sonhos imediatamente após despertarmos pode fornecer um mecanismo interessante e um material fértil que nos ajudará a compreender o que mais nos importa. Além disso, conservar os sonhos em um diário nos dá a oportunidade de contemplar mais tarde o significado deles.

O método ideal de manter um diário pode variar de pessoa para pessoa; contudo, todos os líderes religiosos podem se beneficiar dele como um exercício útil de autoconsciência emocional. Todo aquele que já tenha se envolvido em Educação Pastoral Clínica (na sigla em inglês, CPE) passou pela experiência de escrever reflexões e de usá-las para identificar "gatilhos" ou experiências emocionais.

Buscando uma perspectiva externa

O *feedback* de outras pessoas é essencial para aprendermos de que modo precisamos crescer. Existem muitos caminhos eficazes para buscar um *feedback* honesto, objetivo, inclusive aconselhamento, mentoria, treinamento, orientação espiritual e supervisão. Quando buscamos *feedback*, temos de permanecer abertos a ouvir comentários que não estamos preparados para receber ou reconhecer. Essa informação pode incluir as reações ou percepções dos outros a nosso comportamento, entonação e linguagem não verbal. Por isso, é crucial lembrarmos que nosso desejo de desenvolver autoconsciência emocional requer que estejamos abertos a todo *feedback*, sobretudo quando ele suscita uma forte reação em nós. "Se você encontrar um crítico sensato que aponte para suas falhas, siga-o como seguiria um guia que o levasse a um tesouro escondido".[9]

Aconselhamento
Buscar aconselhamento profissional pode ser uma das melhores decisões que líderes religiosos podem tomar para si. Em nosso trabalho

temos poucos, se é que temos algum, confidentes que podem representar para nós uma placa de ressonância confiável, reservada e rica em significados. Isso limita nossas oportunidades de autorreflexão segura, por isso é recomendável requisitar a ajuda de um terapeuta profissional. Além de nos prover um lugar seguro para compartilhar nossos pensamentos e sentimentos, terapeutas são treinados para reconhecer os elementos psicológicos do ego e o perfeccionismo que mencionamos antes. Um terapeuta pode também incentivar a manutenção de um diário como um recurso para que compreendamos melhor a nós mesmos. Por lei, terapeutas profissionais são obrigados a manter em sigilo as confidências que ouvem, com raras exceções que são comunicadas aos clientes no final do relacionamento terapêutico (casos de abuso infantil, por exemplo). Uma das características que sobressaem no aconselhamento profissional é a lealdade dos terapeutas a seus clientes, e não a uma igreja ou denominação. Essa aliança pode ser muito reconfortante quando as circunstâncias ficam difíceis em nosso trabalho, e sentimos as dolorosas pontadas do isolamento e da solidão que ocorrem na liderança religiosa.

Mentores e coaches

Nossa autoconsciência emocional também pode se beneficiar enormemente de relacionamentos de mentoria e de coaching. Um mentor é, em geral, um líder religioso experiente que mobilizamos para nos oferecer bons conselhos e um *feedback* saudável quanto a nossa vocação. Algumas denominações atribuem mentores a novos líderes religiosos ou àqueles que estejam enfrentando dificuldades em seu trabalho. Para os que tiverem a oportunidade de escolher seus próprios mentores, é recomendável eleger alguém que admirem e em quem confiem.

Da mesma forma, coaches são, tipicamente, profissionais contratados por nós, ou por nossa denominação, para nos dar assistência no desenvolvimento profissional. Alguns coaches são especialistas no campo da QE e podem promover ativamente nosso crescimento em autoconsciência emocional por meio de ferramentas, como teste de temperamento, avaliação global e *workshops* profissionais. Um dos instrumentos de teste úteis que alguns coaches utilizam para avaliar a QE de pastores é o Inventário de Competência Social/ Emocional, do Grupo Hay, em Boston. Esse instrumento é um inventário de múltiplas avaliações de até doze pessoas que completam o mesmo inventário para cada participante. Um inventário de múltiplas avaliações semelhante é produzido por Multi-Health Systems, em Toronto, Ontário, no Canadá.

Com esses inventários, o teste é organizado e administrado por indivíduos credenciados, como os profissionais do Center of Emotional Intelligence and Human Relations Skills [Centro para Inteligência Emocional e Aptidões nas Relações Humanas] (EQ-HR), do qual Roy já foi diretor executivo. Seu site (https://www.eqhr.org/) lista uma variedade de coaches que utilizam inventários como esse que mencionamos. Esses profissionais experientes podem ajudar o participante a interpretar e compreender os resultados abrangentes do teste.

O Centro EQ-HR também oferece *workshops* experimentais intensivos para líderes religiosos, projetados para levar os participantes a uma autoconsciência emocional mais profunda e a uma melhor eficácia em suas organizações. Por exemplo, a Janela Johari é uma técnica desenvolvida em 1955[10] para orientar na descoberta de diferenças entre nossa autopercepção e a percepção dos outros. Tem sido utilizada e adaptada ao longo dos anos por psicólogos e consultores organizacionais para o desenvolvimento de indivíduos e grupos, visando melhores relações de trabalho e uma comunicação mais efetiva. O Centro EQ-HR usa a Janela Johari como uma técnica que ajuda líderes religiosos a se tornarem emocionalmente autoconscientes e mais competentes no trabalho com outras pessoas.

Orientação espiritual

Outro recurso para adquirir autoconsciência emocional pode ser a adoção de um orientador espiritual. Orientadores espirituais, em geral, têm um bom treinamento em formação espiritual e podem nos oferecer uma visão perspicaz voltada para nosso desenvolvimento espiritual num nível pessoal. Assim como terapeutas provêm orientação e percepção em nosso estado emocional e psicológico, orientadores espirituais podem ajudar líderes religiosos a promover compreensão e crescimento nos próprios "eus" espirituais. O bispo William

Hutchinson, dos Metodistas Unidos, explicou que os clérigos que lançam mão de orientação espiritual tendem a ser "menos reacionários, menos parciais, mais centrados, mais reflexivos. Eles buscam respostas mais profundas".[11]

Supervisão

Também podemos obter um valioso *insight* de supervisores durante programas de treinamento formal, como os que podem ocorrer na Educação para Clínica Pastoral (CPE, na sigla em inglês), que nos provê uma extraordinária oportunidade de experimentar uma supervisão experiente quando aprendemos a ajudar pessoas em crise.[12] Com a CPE, os participantes podem receber uma educação que integra treinamento em teologia, psicologia e ministério prático. Essa preparação formal pode ajudar os que servem em trabalho congregacional, capelania ou aconselhamento pastoral. A Association for Clinical Pastoral Education, Inc. explicou como o treinamento em CPE pode fomentar a tão necessária autoconsciência emocional: "A partir de um intenso envolvimento com pessoas em necessidade, e do *feedback* de colegas e professores, os alunos desenvolvem uma nova consciência de si mesmos como pessoas e das necessidades daqueles a quem dedicam seu ministério".[13]

Ter um Comitê de Relações Mútuas (também chamado Comitê de Relações Paroquial) é um tipo informal de supervisão que pode ajudar na autoconsciência emocional. Costuma ser um grupo de quatro ou cinco congregantes confiáveis que servem como elementos de ligação e como mediadores entre líderes religiosos e congregantes. Esse grupo pode oferecer incentivo e orientação, ao mesmo tempo que cumpre o papel de um necessário filtro para reclamações. Esses membros do comitê nunca devem ter um duplo relacionamento (não atuar simultaneamente no comitê e como supervisor direto, ou empregado, por exemplo), para evitar uma situação de conflito de interesses, de modo que se possa falar com mais sinceridade com os membros do comitê. Seria preferível podermos escolher nosso próprio comitê ou pelo menos apresentar uma lista de pessoas entre as quais o comitê poderia ser selecionado. O mais importante, talvez, é que esse grupo está encarregado de nossa saúde e nosso sucesso durante um longo período e pode prover um *feedback* de nosso comportamento e seus efeitos, assim como *insights* e perspectivas que, caso contrário, não teríamos. Essa clareza assim incrementada pode melhorar muito nossa autoconsciência emocional, se abordarmos essas interações com humildade e transparência.

O ideal seria compartilhar nossas preocupações abertamente com nosso mentor, coach, orientador espiritual ou com o comitê de relações mútuas sem medo de uma medida disciplinar por parte de nossos supervisores.[14] Como antes mencionado, a confiança é essencial ao recebermos *feedback* e orientação. Por exemplo, um líder religioso veterano referiu-se ao benefício emocional e à conexão positiva recebidos de seus mentores e relacionamentos de coaching como "conectividade relacional".

A autoconsciência emocional como fundamento

Neste capítulo, apresentamos exemplos de algumas maneiras pelas quais você pode explorar a si mesmo e construir sua própria autoconsciência emocional. O desenvolvimento da autoconsciência emocional ajudará você a compreender um conjunto mais completo de motivos que o levaram a se tornar líder religioso, por que age do modo que age e por que reage às pessoas de certas maneiras. Você também pode aprender como lidar com seu ego, sobrepujar sua tendência ao perfeccionismo, ficar mais resiliente e reconhecer comportamentos não sadios. Uma vez constatada sua necessidade de autoconsciência emocional, você pode desenvolver ativamente esse atributo crucial da QE estudando a teoria do temperamento e ganhando perspectivas internas e externas com os recursos que recomendamos.

Aceitar o desafio de desenvolver autoconsciência emocional exige coragem. Ao continuar a expandir sua QE, você verá que está crescendo e se aprofundando emocional e espiritualmente. Explorar o desconhecido pode ser assustador, e o processo de autodescoberta pode ser inquietante e chocante. Queremos que saiba que esse processo vale todo desconforto que você possa sentir ao longo do caminho, porque ele lhe permitirá se dar conta do conjunto de sua personalidade e conservar a pureza de sua missão. Enfrentar esse desafio é uma aventura que vale a pena, como escreveu Carl Jung: "Suas visões só se tornarão claras quando você olhar para seu próprio coração. Quem olha para fora, sonha; quem olha para dentro, desperta".[15]

4

Utilizando o autocontrole emocional

As pessoas podem ser realmente irritantes e me deixarem aborrecido de verdade. Na maior parte das vezes eu tenho de me isolar da situação, refletir e orar. Creio que é uma dessas situações difíceis, especialmente quando tenho de lutar contra a raiva. Quando quero mudar as pessoas por meio de minhas próprias forças, sou obrigado a constatar: "Não, não posso fazer isso!".
PASTOR ANÔNIMO

Agora que avaliamos o componente da QE chamado autoconsciência emocional, é importante examinar o autocontrole emocional, porque esses dois atributos da QE estão estreitamente conectados. Para muitos de nós, é fácil lembrar um momento da vida pessoal ou profissional em que nossas emoções revelaram o melhor de nós – e gostaríamos de reaver algo que dissemos ou fizemos naquele momento crucial. Como aprendemos nos capítulos anteriores, não é justo exigir que nós mesmos controlemos totalmente como nossas emoções nos afetam, ou sugerir que somos capazes de deixar de dar algum passo emocional em falso. Lembre-se de que somos perfeitamente imperfeitos, e tudo bem. No entanto, a autoconsciência emocional pode ser desenvolvida, e é fazendo isso que podemos evitar nossos piores erros, que, caso contrário, poderiam acontecer por não termos examinado nossos sentimentos e impulsos. Quando não somos capazes de administrar nossas emoções, nossa competência profissional sofre, e nossos relacionamentos interpessoais podem ser prejudicados.

Na maioria das vezes, nós, os autores, estamos cientes de que sempre haverá emoções poderosas atuando dentro de nós. Podemos não compreender de onde elas vêm, ou por que são tão intensas. Quando adquirimos autocontrole emocional, podemos fazer um inventário acurado de nossos sentimentos e escolher o melhor caminho de ação.

Esse inventário é muito parecido com o que Stephen King descreveu em *O pistoleiro* (Suma, 2012): "Seu modo de agir era [...] consultar seu próprio interior, procedimentos totalmente misteriosos, e depois agir".[1]

Em alguns casos, o autocontrole emocional é revelado por nossa capacidade de tolerar a incerteza quando exploramos nossas emoções e as opções que nos estão disponíveis. Quando compreendemos e encontramos algum conforto em algo que estamos sentindo, a melhor estratégia costuma se revelar. Os que administram melhor a si mesmos são aqueles que são capazes de suportar situações difíceis sem perder o controle sobre suas emoções. O sucesso sorri para quem é capaz de conter suas necessidades imediatas e gerenciar consistentemente suas tendências emocionais.

O que é autocontrole emocional

O atributo do autocontrole emocional pode ser definido como a aptidão para gerenciar sentimentos poderosos e disruptivos e para impedir que essas emoções prejudiquem nossas vidas profissional e pessoal. Se a autoconsciência emocional nos provê a capacidade de lermos efetivamente nossas próprias emoções e de reconhecermos seu impacto, o autocontrole emocional nos dá a capacidade de gerenciar nossas palavras e ações em situações emocionais. Ou seja, uma vez reconhecendo o que estamos sentindo, podemos agir e reagir a esses estímulos de modo sadio e produtivo? Como explicou Adele Lynn: "Se eu tiver alguma consciência e autoentendimento, posso perguntar: 'Qual é meu impacto sobre os outros, e meu estado atual?' E se eu descobrir que esse impacto é negativo – se descobrir que ele diverge de meus objetivos na vida – posso optar por mudar minhas ações, meus pensamentos ou minhas palavras".[2]

Existe um risco duplo para nós quando experimentamos emoções negativas. Por um lado, podemos "externar" emoções de maneiras negativas, como explodir de raiva e sofrer as consequências. Por outro, podemos ignorar e suprimir nossas emoções negativas e fingir que são insignificantes. Quando fazemos isso, mecanismos psicológicos de defesa como denegação, repressão, sublimação e projeção podem ocorrer, com resultados significativamente negativos. Essa ameaça dupla é um desafio singular para líderes religiosos, porque com frequência nos sentimos pressionados a ocultar nossos sentimentos negativos para demonstrar que atingimos um nível mais elevado de espiritualidade. A mecânica específica dessas ameaças e as poderosas funções psicológicas envolvidas com elas serão discutidas mais adiante neste capítulo. Explicaremos também como pode ser um autocontrole emocional sadio para líderes religiosos.

O autocontrole emocional nunca deveria servir como método para sufocar nossas emoções, nem como desculpa para permitir que elas operem de modo desenfreado. É conveniente pensar em nossos sentimentos como uma poderosa fonte de energia que pode ser canalizada e permanentemente aproveitada. Por exemplo, em 1896, Nikola Tesla aproveitou com sucesso as cataratas do Niágara para gerar eletricidade na cidade de Nova York.[3] Nossas emoções são muito parecidas com aquelas imensas cataratas – belas e poderosas, mas fora de nosso completo domínio. Não podemos nem sufocar nem evitar ter sentimentos mais do que podemos fazer a água parar de cair nas cataratas do Niágara. Ao mesmo tempo, não podemos permitir que nossos sentimentos fluam sem controle, sob risco de causar danos significativos. Portanto, o autocontrole é o equilíbrio sadio entre uma emoção reprimida (sufocada) e irreprimida (figura 4.1). Mais adiante neste capítulo discutiremos meios práticos para líderes religiosos manterem esse equilíbrio.

Uma base espiritual e filosófica para o autocontrole emocional

O autocontrole emocional tem fortes raízes espirituais e filosóficas. Por exemplo, a filosofia budista afirma que apego e desejo são a causa de todo sofrimento (insatisfação) e dor. Sempre que ficamos fortemente apegados a alguma coisa, nós a agarramos com força e apostamos nosso futuro na perspectiva de possuir aquilo que desejamos. Exemplos disso podem incluir dinheiro, um bom emprego, um relacionamento, uma casa, um carro novo – ou qualquer coisa no mundo à qual associamos nossa felicidade. Quando as coisas não acontecem dessa maneira, ficamos deprimidos ou com raiva e aumentamos o risco de permanecer num estado emocional cada vez mais negativo. No entanto, podemos diminuir nosso desconforto emocional aprendendo a aceitar nossa vida nas condições em que se apresenta atualmente, sobretudo aquelas circunstâncias sobre as quais não temos controle ou influência. Em outras palavras, podemos aumentar nosso autocontrole emocional com uma abordagem espiritual sadia que minimiza nossas emoções negativas.

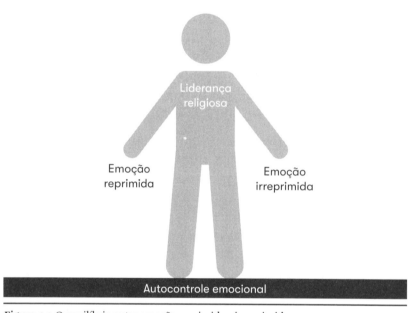

Figura 4.1 O equilíbrio entre emoção reprimida e irreprimida

Também podemos aprender praticando atenção plena quando estamos refinando nossas aptidões para o autocontrole emocional.[4] Um dos principais princípios da atenção plena nos ensina a ter consciência de nossas emoções e de como elas afetam nosso corpo. Por exemplo, Daniel Goleman explicou como situações emocionalmente difíceis podem estimular nossa amígdala, que é em geral tida como a fonte, no cérebro, de nosso reflexo de lutar-ou-fugir.[5] Sem todos os recursos do cérebro funcionando para analisar vários *inputs*, a amígdala frequentemente comete erros por desleixo, porque os perigos que enfrenta são simbólicos, não ameaças físicas. Como resultado, isso faz com que percamos o autocontrole emocional necessário a uma comunicação interpessoal eficaz e a uma tomada sensata de decisão. É como se a amígdala tivesse sequestrado o resto de nosso cérebro, e entramos num modo de sobrevivência. Contudo, com atenção plena, aprendemos a identificar quando estamos tendo uma reação visceral, percebendo as diferentes sensações que ocorrem em nosso corpo. Por exemplo, nossos músculos podem ficar tensos, ou podemos começar a trincar os dentes. Essas sensações físicas podem servir como sinais úteis a nos dizer que precisamos implementar métodos para nos acalmar. Vamos mencionar alguns desses métodos mais adiante neste capítulo.

O ensinamento cristão ilumina ainda mais o conceito de autocontrole emocional, pois até mesmo Jesus demonstrava suas emoções, inclusive sentimentos negativos. Por exemplo, ele experimentou forte raiva (ao demonstrar sua ira com os cambistas no templo), profunda tristeza (ao chorar quando Lázaro morreu), angústia intensa (ao suplicar: "Pai, por que me abandonastes?"), temor supremo (ao pedir a Deus que renunciasse a sua iminente tortura e execução) e um sentimento de consumada traição (ao receber o beijo de Judas). Esses exemplos nos ajudam a compreender que está tudo bem conosco quando sentimos emoções negativas, assim como Jesus.

Se não tivermos cuidado, podemos errar espiritualmente assumindo uma fisionomia sem emoção, inexpressiva, estoica, que esconde nossos sentimentos e suprime nossas reações autênticas. Em contraste, os preceitos cristãos nos ensinam a reconhecer nossas emoções como válidas e a reagir a elas com responsabilidade. Por exemplo, Efésios 4:26 nos adverte: "Em sua raiva, não peque". E, também, Jesus reconheceu a validade do luto e da tristeza quando disse: "Bem-aventurados os que choram, pois eles serão consolados" (Mateus 5:4). É importante lembrar que os princípios do cristianismo não impedem a necessidade de nossa humanidade. Sem dúvida, somos seres emocionais e temos de aprender a reconhecer e administrar nossos sentimentos, independentemente de quão profunda nossa espiritualidade é.

Controlando emoções fortes

A natureza muito carregada emocionalmente do trabalho em ambientes religiosos provoca em nós reações intensamente emocionais. Por exemplo, se somos acusados de incompetência ou indolência, às vezes acreditamos que estamos falhando em nossa missão a serviço de Deus. Esses tipos de enfrentamento afetam muitos de nós profundamente, por isso é preciso ter uma maturidade emocional incomum e aptidão de autocontrole emocional para lidar com esses conflitos. Eleanor Roosevelt enfatizou a importância de exercer inteligência emocional em situações de conflito: "Para lidar com você mesmo, use a cabeça; para lidar com outros, use o coração".[6]

Além de enfrentar conflito, nos deparamos às vezes na liderança religiosa com outros cenários de dificuldade emocional. Por exemplo, defrontamo-nos com o luto quando outros experimentam uma tragédia. Como líderes religiosos, compartilhamos sua tristeza e suas lágrimas nessas situações, assim como faria um membro da família. Outro exemplo de enfrentamento de situações difíceis é quando ajudamos famílias a superar desafios em seu relacionamento, como o volátil conflito que pode ocorrer na vida de um casal, ou o intenso confronto que acontece às vezes entre pais e seus filhos adolescentes. Nessas ocasiões, os outros podem se sentir muito melhor devido a nossos esforços de lhes dar apoio; no entanto, podemos ficar emocionalmente exaustos nessas experiências. Como resultado de trabalharmos em meio aos sentimentos dos outros, nosso próprio estado emocional pode ficar bastante fragilizado. Não devemos esperar de nós mesmos poder servir continuadamente a outros sem experimentar um acúmulo de estresse, tristeza, raiva, frustração ou desespero, por isso temos de exercer o autocontrole emocional para sobreviver.

Emoções negativas não são os únicos sentimentos fortes que exigem cuidado. Por exemplo, às vezes experimentamos uma "elevação" emocional depois de um sermão bem proferido, ou quando ocorre uma conexão interpessoal particularmente poderosa com alguém. No entanto, esse sentimento de euforia é muito parecido com o fenômeno básico da gravidade: o que sobe, tem de descer. Por causa disso, muitos de nós já experimentamos sentimentos poderosos de desânimo ou depressão nas horas ou nos dias que se seguem àqueles momentos de carga emocional positiva. O autocontrole emocional pode nos ajudar a regular nossas respostas emocionais aos estímulos poderosos que ocorrem quando se trabalha com pessoas. Podemos aprender a conter nossos sentimentos de se elevarem alto demais ou de despencarem demais.

Mesmo emoções positivas podem ferir outras pessoas se exercidas sem restrição. Por exemplo, se ficarmos satisfeitos demais com nosso desempenho, status, boa sorte ou crescimento espiritual, podemos começar a agir arrogantemente ou a falar de maneira presunçosa. Como líderes religiosos, essa atitude pode atropelar os sentimentos de outros, que estão lutando e precisando de incentivo. A mensagem que transmitimos inconscientemente para essas pessoas é que suas vidas não se comparam, favoravelmente, com as nossas. As coisas abençoadas que nos acontecem não devem ser usadas como armas casuais contra os outros.

Podemos ser culpados de estar enviando mensagens cheias de orgulho sob o disfarce de uma falsa humildade. Essa prática é mais frequente do que gostaríamos de admitir. Se não tomarmos cuidado, podemos nos tornar mestres da falsa modéstia.[7] Um bom exemplo disso num pastor é: "Humildemente, sinto-me abençoado por tantas pessoas terem voltado a dedicar suas vidas a Deus este mês". Como líderes religiosos, não podemos nos permitir sermos presunçosos, ou nosso serviço estará comprometido. Imagine se Jesus postaria numa mídia social: "Naquele momento em que você lava os pés dos discípulos, e começa uma discussão com Pedro. Que falha épica!". Podemos comemorar nossos sucessos sem nos vangloriarmos; apenas precisamos conceder consistentemente a outros o crédito adequado por seu serviço e a glória definitiva a Deus. Jesus disse: "Por que você(s) diz(em) que sou bom? Ninguém é bom – a não ser Deus e somente Deus" (Marcos 10:18).

Como já discutido antes, é a verdadeira humildade que nos impede de agir sem cuidado ou sem considerar os sentimentos dos outros. Se queremos evitar que advenham danos desnecessários aos outros, ou a nossos relacionamentos, o autocontrole emocional deve presidir todo o espectro de nossos sentimentos.

O que o autocontrole emocional não é

Como antes mencionado, podemos facilmente confundir o autocontrole emocional com um mecanismo psicológico de defesa, como denegação, repressão, sublimação e projeção. Em outras palavras, podemos, erroneamente, acreditar que estamos exercendo um autocontrole apropriado de nossas emoções ao não nos permitirmos expressar emoção a ninguém, nem a nós mesmos. No entanto, não conseguir aprender a diferença entre um autocontrole emocional sadio e tendências psicológicas mal adaptadas pode ser danoso. Nossas emoções são forças poderosas que têm de ser levadas em consideração, assim como temos de ter um plano para o caso de uma pane elétrica em casa se ela for atingida por um raio. Simplesmente fazer de conta que nossa energia emocional não existe ou é irrelevante é uma abordagem perigosa. Afinal, somos criaturas emocionais que trabalham em meio a pessoas emocionais em situações emocionalmente carregadas.

Muitos de nós descobrem que não estão preparados para avaliar a intensidade emocional inerente à liderança religiosa. Durante nosso treinamento formal, tipicamente, aprendemos teologia e desenvolvemos nossa espiritualidade, e as duas coisas são elementos essenciais de nosso trabalho. Contudo, após experimentar pela primeira vez o caleidoscópio emocional que acompanha a liderança religiosa, muitos de nós descobrem que esses elementos, por si sós, são inadequados quando se trata de lidar com os desafios emocionais que se manifestam.

Devido a nosso preparo limitado em QE, nosso instinto é empregar, inconscientemente, para nos protegermos, um ou mais dos mecanismos de defesa descritos abaixo. Sem treinamento, coaching ou terapia, em geral não percebemos que esses dispositivos psicológicos foram acionados para exercer um peso em nossas vidas. Ao tomarmos consciência desses dispositivos, podemos aprender a implementar o autocontrole emocional como uma alternativa sadia aos mecanismos psicológicos de defesa quando enfrentamos fatores de estresse emocional significativos.

Denegação

Quando surge uma situação emocionalmente estressante, uma de nossas primeiras reações pode ser negar que existe um problema. Por exemplo, um pastor pode ser incapaz de admitir que muitos membros de sua igreja tenham começado a discordar de sua visão como líder. Como resultado, não tem ciência de que a segurança de seu emprego ficou frágil. O pastor é então pego com a guarda totalmente baixa quando a junta o convoca para uma reunião a fim de explicar: "Decidimos seguir numa direção diferente", com isso, sem cerimônia, pondo fim ao emprego do líder. Nesses casos, frequentemente nos perguntamos como deixamos escapar os sinais de que uma mudança era iminente. Aprender a como suplantar a denegação é um passo vital para evitar um resultado infeliz.

Um líder religioso também pode ser incapaz de admitir não ser adequado para seu atual papel devido a uma incompatibilidade de seu tipo de temperamento com os deveres do cargo (o que é descrito no capítulo 3). Nessas circunstâncias, esses indivíduos trabalham cada vez mais duro para ter sucesso em seu emprego atual em vez de se darem conta de que deveriam encontrar uma função mais adequada a suas aptidões. Outros líderes religiosos talvez precisem tirar uma prolongada folga de seu ministério, mas são incapazes de admitir a si mesmos que estão precisando desesperadamente de uma mudança. Nesse contexto, a denegação pode ser entendida como uma incapacidade que temos de reconhecer e interpretar nossa paisagem emocional. Com a combinação da autoconsciência emocional com o autocontrole emocional, no entanto, aprendemos a identificar sentimentos, como futilidade, desânimo e exaustão a tempo de intervirmos de maneira eficaz em nosso próprio benefício.

Repressão

Como a denegação, a repressão ocorre quando enterramos emoções dolorosas em vez de encontrar uma expressão sadia para nossos sentimentos. Um exemplo disso pode ocorrer quando um líder ou conselheiro religioso perde um congregante para o suicídio. O choque e o intenso sofrimento associados a tal perda podem ser tão extremos que nós inconscientemente colocamos de lado essas poderosas emoções. Infelizmente, isso pode ser perigoso, porque experiências emocionais intensas precisam ser aliviadas de modo sadio. Quando sentimentos dessa magnitude são empurrados para baixo do tapete, podem causar uma disrupção significativa em nossas vidas. Como resultado, perdemos a capacidade de identificar com exatidão e de regular nossos sentimentos, porque nossa perspectiva e aptidão para julgar ficam distorcidas.

Nosso trabalho exige clareza emocional, porque estamos interagindo continuamente com pessoas e seus sentimentos. Infelizmente, a repressão cria um perigoso coquetel de tumulto interior não resolvido combinado com as situações emocionais que ocorrem em outras pessoas.

Se não for examinada, a repressão pode levar a um comportamento autodestrutivo, como o alcoolismo, uso abusivo de substâncias viciantes, comilança, vício em jogos, pornografia e casos extraconjugais. A resposta a esse problema pode ser muito simples, como compartilhar nossas dificuldades com alguém confiável. O autocontrole emocional nos permite ir em busca de ajuda quando estamos sofrendo, em vez de ignorar o sofrimento até nossas feridas infeccionarem. Como escreveu Paul Stevens: "É triste admitir, mas muitos pastores ficam viciados em álcool, drogas, ou outros comportamentos danosos como uma maneira de se desvencilhar do estresse do ministério. Por isso é crucial ter alguém com quem falar e ser você mesmo".[8]

Sublimação

A sublimação é um mecanismo de defesa um tanto menos destrutivo no qual, inconscientemente, transformamos impulsos emocionais socialmente inaceitáveis num comportamento social aceitável. Esse é um mecanismo ao qual líderes religiosos são particularmente suscetíveis, por estarmos sob pressão constante para sermos pessoas "boas". Por exemplo, pastores que estão solitários são capazes de visitar os membros de sua igreja com muita frequência, sem se darem conta de que estão tentando satisfazer suas próprias necessidades sociais.

Outro exemplo de sublimação é o pastor que apara a grama em torno da igreja porque isso produz uma sensação satisfatória de estar completando algo. O que podemos não estar percebendo é que às vezes assumimos tarefas extras porque é uma sensação boa completar alguma coisa. Essas tarefas constituem um belo contraste com nosso trabalho corrente e inacabado com pessoas.

Por meio da sublimação, podemos transformar nossos sentimentos incômodos num comportamento que é menos destrutivo do que a denegação ou a repressão. No entanto, deveríamos ter consciência dos riscos envolvidos quando usamos a sublimação, porque a natureza de nosso trabalho faz com que seja difícil estabelecer limites. Em outras palavras, uma vez tendo feito acréscimos à nossa longa lista de obrigações, é quase impossível removê-los. Uma vez tendo começado a fazer esses "extras", algumas pessoas esperam que continuemos a fazê-los muito depois que essas atividades não nos proporcionam mais conforto.

Por isso, precisamos examinar bem como utilizamos nosso tempo e ser cautelosos quanto a assumir novos compromissos.

Devido a nosso desejo de sermos "bons", combinado com as grandes expectativas dos outros, um dos maiores riscos para aqueles entre nós que são propensos à sublimação é a tendência a nos tornarmos *workaholics*. Sem um escoadouro seguro e sadio para nossas emoções, ocorre uma perfeita tempestade, que pode levar a um padrão perigoso e viciante de hiper-realização. No entanto, esse perigo pode ser evitado mediante autocontrole emocional, porque ele nos dá os meios de direcionar nossos sentimentos de desânimo, desapontamento, frustração e ansiedade antes de morrermos de tanta sobrecarga.

Projeção

A projeção ocorre quando inconscientemente atribuímos nossos impulsos emocionais a outras pessoas. Esse mecanismo manifesta-se para líderes religiosos de um modo singular e perigoso, devido ao alto grau de influência que temos sobre os outros. Por exemplo, um pregador que enfrenta suas próprias frustrações por não conseguir ter uma expressão sexual saudável, pode, consistentemente, fazer sermões sobre a imoralidade sexual. Um líder religioso que se preocupa demais com dinheiro pode enfatizar em demasiado a necessidade de se pagar o dízimo. Outro exemplo é o do ministro que enfrenta sentimentos de abandono e por isso insiste num atendimento perfeito por parte da igreja.

Além da comunicação a partir do púlpito, a projeção pode ocorrer nos líderes religiosos em sua comunicação interpessoal. Por exemplo, um líder religioso que não se sente merecedor de sua posição pode impor a equipes e voluntários um padrão inalcançável. Com consciência e autocontrole emocional, líderes religiosos podem direcionar suas armadilhas emocionais de um modo lúcido e responsável.

Maneiras práticas de desenvolver autocontrole emocional

Reconheça gatilhos

Uma das maneiras primordiais de desenvolver autocontrole emocional é aprender a reconhecer nossos gatilhos. Um gatilho entra em ação quando certa circunstância ativa emoções fortes dentro de nós. Os gatilhos baseiam-se em experiências dolorosas anteriores, e assim com frequência reagimos defensivamente quando somos lembrados, consciente ou inconscientemente, de uma determinada ocorrência. Por exemplo, podemos encontrar alguém que fale conosco da mesma forma negativa com que um membro da família falou uma vez (ou continua a falar). Podemos ou não estar cientes de que nosso gatilho é disparado por esse tipo de estilo de comunicação. Em tais ocasiões, nossa reação emocional, nas circunstâncias, pode ser prejudicial àquele relacionamento.

Idealmente, deveríamos ser capazes de nos curar de feridas emocionais e espirituais anteriores. No entanto, isso pode ser uma expectativa irreal, porque uma cura ocorre, tipicamente, com o passar do tempo. Muitas feridas permanecem sensíveis ao "toque" muito tempo depois de terem curado e cicatrizado. Aprender a identificar nossos gatilhos e reconhecer que eles existem é um primeiro e significativo passo em direção ao autocontrole emocional. Sem esse autoconhecimento, tendemos a reagir a nossos gatilhos sem ter consciência deles, e sem regulação emocional. Contudo, o autocontrole emocional nos permite administrar nossos impulsos emocionais quando o gatilho é disparado.

Encontre um lugar seguro para expressar emoções

Em algumas ocasiões, compete a nós expressar honestamente nossas emoções mesmo após as termos identificado. Esse é um passo primordial no processo de autocontrole emocional, porque provê uma saída segura ou um alívio que nos são necessários para processar adequadamente nossos sentimentos. Por exemplo, gritar com alguém ou amaldiçoá-lo quando estamos com raiva pode acabar com o relacionamento. Em vez disso, precisamos achar um modo de expressar nossos sentimentos que leve a uma catarse, mas limite o perigo da destruição de nosso relacionamento e nossa carreira. Por exemplo, podemos ter um encontro pessoal com um colega de trabalho com o qual tivemos um conflito e explicar que estamos frustrados ou irritados com aquela pessoa, e por que nos sentimos assim (Mateus 18:15-17). Nesse cenário, permitimos que o colega se expresse honestamente e preserve sua dignidade. Isso permite que nossa energia emocional flua, enquanto nosso relacionamento com o colega é preservado ou melhorado. Ao fazer isso, podemos nos "desgarrar" das emoções que nos causam desconforto e sair daquela situação difícil sem ressentimentos.

Nem todos os nossos sentimentos podem ser expressos com segurança dentro de nossa organização religiosa. Nesses casos, pode ser melhor expressar esses sentimentos para um terapeuta profissional ou um coach. Como discutido no capítulo 3, esses profissionais podem nos ser guias confiáveis quando avaliamos nossas emoções. Por exemplo, podemos conversar com um terapeuta quando estamos com dúvidas quanto a nossa competência profissional, sem o risco de perder a confiança de outros em nossa organização. Da mesma forma, como sugerido no capítulo 3, manter regularmente um diário pode ser um escoadouro seguro para nossas questões emocionais.

Estabeleça limites emocionais

O conceito de limites pode ser entendido e utilizado de múltiplas maneiras. Primeiro, a energia emocional pode ser concebida como um recurso limitado que requer um cuidadoso plano de utilização. Portanto, não deveríamos desperdiçar nossa energia com pessoas ou situações que tendam a nos esgotar desnecessariamente. Nathan DeWall disse que isso significava tornar-se um "contador de energia mental".[9] Podemos estabelecer limites exteriores sadios evitando essas situações difíceis que podem ser evitadas, como não se envolver em discussões desnecessárias. Com autocontrole emocional, somos capazes de detectar esses indivíduos que amam um conflito e optam por ele, renunciando a um debate. Como diz o adágio: "Quem discute com um tolo, tolo será".

Também é digna de consideração a prática de estabelecer limites internos. Se corretamente utilizados, os limites internos podem impedir que nossas emoções cresçam ou diminuam atingindo níveis perigosos. Por exemplo, quando sentimos que estamos caindo em desespero, podemos chamar um amigo muito próximo, um membro da família em quem confiamos, ou um mentor para nos lembrar de que não estamos sós. Da mesma forma, se notarmos que nossa ansiedade está chegando a um nível desconfortável, podemos ler nosso livro ou nossa passagem das Escrituras favoritos. Além disso, quando estamos insatisfeitos ou desgostosos, podemos usar nosso tempo para ajudar outros que tenham problemas piores do que os nossos. E quando ficamos com raiva, podemos parar para meditar e orar para descobrir nosso centro de equilíbrio e uma sensação de paz. Como escreveu Jane Austen em *Razão e sensibilidade*: "Ficarei calma. Serei a senhora de mim mesma".[10] Embora não possamos controlar totalmente nossas emoções, podemos aprender a administrá-las mediante o estabelecimento eficaz de limites internos.

Cuide consistentemente de si mesmo

Como o ministério gira em torno de atender às necessidades de outros, é fácil para nós negligenciar nossas próprias necessidades. Por exemplo, um capelão de hospital passa todo o seu turno trabalhando com uma família desolada e depois se dá conta de que não comeu o dia inteiro. De modo semelhante, um jovem pastor ou conselheiro pode passar a noite trabalhando com um adolescente suicida e continuar sua labuta no dia seguinte, sem dormir. Quando negligenciamos a nós mesmos (quanto à alimentação, descanso físico e emocional, cuidados médicos, saúde mental) estamos criando um déficit insustentável em nosso sistema físico e emocional. Em outras palavras, não restará energia emocional para nós mesmos ou para os outros. Quando isso acontece, podemos ficar irritadiços, piegas ou vigilantes em excesso. Portanto, é importante reconhecer nossa responsabilidade quanto ao ato de defender a nós mesmos e cuidar para que nossas necessidades sejam consistentemente atendidas.

É possível cuidar de suas próprias condições físicas por meio de decisões incrivelmente simples. Por exemplo, podemos aprender a fazer pequenas pausas no decorrer de nosso dia de trabalho para limitar a fadiga. Podemos também fazer diária e consistentemente um intervalo para o almoço, de modo a ficarmos descansados e alimentados. Podemos também nos consultar com um médico, um nutricionista ou um personal trainer quanto aos melhores tipos de comida, bebida ou suplementos necessários para a manutenção de uma boa saúde. Além disso, muitos líderes religiosos descobrem que se exercitar por vinte ou trinta minutos durante seu intervalo de almoço produz um valioso alívio de seu estresse diário. Finalmente, o valioso hábito de tirar férias anuais pode fazer maravilhas na restauração de nossa saúde física e emocional. Até mesmo intervalos periódicos com a duração de dois dias podem renovar energias.

Aprender a respirar de modo adequado também pode ser um recurso incrível para nos manter saudáveis durante épocas de estresse. Frequentemente, quando sob pressão, nossa respiração fica superficial, ou prendemos a respiração sem perceber, e assim é importante que tomemos consciência dessas tendências. Fazer uma aula de ioga pode prover valioso treinamento de respiração profunda e de concentração nos movimentos que fazemos. Isso vale, como exemplo, para líderes religiosos que experimentam grande medida de estresse emocional, como capelães de clínicas para idosos, que frequentemente viajam de um lugar a outro para ir ao encontro de pacientes moribundos e suas famílias, oferecendo apoio e consolo. Para eles, uma renovação de energias pode ser obtida parando num parque entre essas visitas, só para caminhar e respirar.

Assim como os cuidados físicos, há uma série de opções para manter também cuidados emocionais. Por exemplo, podemos desenvolver ou cultivar um sistema de apoio social fora de nosso ambiente de trabalho, seja com a família, com amigos ou com ambos. Essa opção incentiva e permite que tenhamos uma vida equilibrada, que não gira somente em torno do trabalho. Podemos também exercitar medidas para nos tranquilizar em termos de estresse ou angústia, como ouvir nossas músicas favoritas, assistir a um show que nos entretenha ou olhar fotografias que nos confortem. Às vezes, arranjar tempo para assistir ao nascer ou ao pôr do sol pode melhorar nosso modo de ver as coisas.

Muitos inventamos desculpas para explicar por que não cuidamos de nós mesmos, como as intensas exigências de nosso trabalho, as altas expectativas de nossa organização ou nossa personalidade enérgica e de alto rendimento. Por favor, entendam: essas desculpas por não cuidarmos devidamente de nós mesmos não se originam de nossa espiritualidade (ou seja, de Deus), e sim de nossos "eus" emocionais. Dito de outra maneira, se não cuidarmos de nós mesmos, nosso desejo de ter sucesso, o medo do fracasso ou de rejeição, nossa ansiedade quanto ao futuro e outros sentimentos profundamente arraigados vão nos empurrar para além do limite da resiliência humana. O próprio Jesus declarou que seu "jugo é suave e seu fardo é leve" (Mateus 11:28-30). Uma vez tendo aprendido a manter cuidado consistente conosco mesmos, o autocontrole emocional fica muito mais fácil, porque estamos com energia plena.

Exerça um bom julgamento

Uma das qualidades que podemos adquirir durante o desenvolvimento da liderança espiritual é o exercício de um bom julgamento em situações carregadas de emoção. Por exemplo, pode-se demonstrar ter um bom julgamento mantendo a mente lúcida quando outros estão aborrecidos ou zangados. Como ensina Provérbios 15:1: "Uma resposta suave afasta a ira". Se permitirmos que nossas emoções dominem nosso julgamento, perderemos a oportunidade de desarmar cenários difíceis e de dar um bom exemplo aos outros. Bohdi Sanders descreveu habilmente essa atitude: "Nunca reaja a uma pessoa irada com uma resposta ardente, mesmo que aquela pessoa o mereça... Não permita que a raiva [delas] torne-se a sua raiva".[11]

Um bom julgamento pode também nos resguardar de chegar apressadamente a conclusões incorretas, sobretudo no que concerne às motivações dos outros. Em outras palavras, podemos facilmente atribuir aos outros as piores intenções, em momentos de incompreensão e conflito. Com o autocontrole emocional, aprendemos a discutir com maturidade as questões antes que o ressentimento se instale e nossos relacionamentos fiquem arruinados. Com uma boa capacidade de julgamento, aprendemos a equilibrar nossa mente lógica com nossos sentimentos poderosos, de modo a poder tomar decisões sábias.

A partir da compreensão de nós mesmos, passar para a empatia

Cada um de nós (os autores) tem vívidas memórias de algumas das consequências negativas que experimentamos antes de começar nosso trabalho de desenvolvimento do autocontrole emocional. Lembramos dos sentimentos de constrangimento, humilhação, tristeza e arrependimento (para enumerar uns poucos) que se seguiram a algum julgamento precário ou a reações apressadas. Conquanto sejam memórias difíceis, somos capazes de reconhecer o papel que tiveram em nosso desenvolvimento. O desafio diante de nós é o mesmo que todo líder religioso enfrenta: temos de praticar consistentemente nosso autocontrole emocional, ou nossas emoções resultarão em comportamentos prejudiciais. Em nossa condição humana, ainda há momentos nos quais nossas emoções e nossos mecanismos de defesa assumem o comando, e acabamos tendo de viver com as consequências de nossas ações. A boa notícia é que nossa compreensão dos comportamentos alheios pode ser mais profunda quando aprendemos a compreender e aceitar nossas próprias limitações. No próximo capítulo, você irá descobrir como transformar seu crescente autoconhecimento em uma poderosa aptidão para exercer empatia em relação aos outros.

5

Adquirindo empatia

Não pergunto à pessoa ferida como está se sentindo. Eu mesmo me transformo numa pessoa ferida.
WALT WHITMAN[1]

Você já passou pela experiência de ouvir o que diz alguém que está sofrendo, com raiva, ou frustrado? E, em cada uma dessas ocasiões, se surpreendeu *sentindo* a dor, a raiva ou a frustração daquela pessoa? Isso fez com que você reagisse com mais compaixão, sem julgar, simplesmente aceitando a experiência dela como real? Se isso aconteceu, você conheceu a empatia. Você penetrou no interior da experiência do outro e se conectou com ele. Esses momentos são, realmente, momento sagrados!

No capítulo anterior, afirmamos a necessidade de que líderes religiosos desenvolvam autocontrole emocional. Agora, vamos explorar o atributo da empatia e o porquê dela ser tão crucial em nossa liderança religiosa. Daniel Goleman escreveu que o autocontrole emocional é diretamente ligado à empatia,[2] uma conexão significativa que devemos reconhecer. Se não compreendermos a nós mesmos e o motivo de nos comportarmos de certa maneira, não seremos capazes de compreender as motivações e os comportamentos dos outros.

Precisamos da empatia para compreender aqueles a quem servimos e para compreender por que agem como agem. Será muito mais fácil procurarmos não perder a calma ou guardar rancor se aprendermos a entender o ponto de vista deles. Um pastor explicou que o fato de compreender as pessoas em sua igreja o ajudava a se abster do ímpeto de investir contra tudo e todos devido às poderosas frustrações que sentia em relação à sua liderança religiosa. O mais significativo é que a empatia nos ajuda a servir melhor aos outros, demonstrando que nos importamos genuinamente com eles. Ao fazer isso, estamos atuando como portadores de conforto e de cura nos momentos mais obscuros pelos quais eles estão passando. Audrey Hepburn explicou sua crença na importância da empatia ao proclamar: "Nada é mais importante do que a empatia por outra pessoa que esteja sofrendo".[3]

Para alguns de nós, o uso da empatia é uma aptidão nova e difícil de aprender. Outros de nós têm uma natureza naturalmente empática, mas temos de nos esforçar para manter limites sadios. Nas seções seguintes vamos discutir o conceito da QE quanto à empatia, a maneira de desenvolvê-la e como e quando demonstrá-la aos outros.

O que é empatia?

Como líderes religiosos, frequentemente nos pedem que ajudemos outras pessoas com seus problemas, frustrações e sofrimentos. Empatia é a aptidão que permite nos conectar com pessoas num nível emocional. Isso exige que invistamos nosso coração em suas vidas e que lhes asseguremos que não estão sós. Esse atributo da empatia é melhor compreendido se o imaginarmos formado de três partes, os atos de: "*conhecer os sentimentos de outra pessoa, sentir* o que a pessoa sente e *responder* com compaixão à aflição dessa pessoa".[4]

A empatia talvez seja o mais sutil de todos os atributos da QE, porque é uma aptidão passiva. Ela demanda que estejamos emocionalmente presentes quando outros estão sofrendo, em vez de atuar para solucionar seus problemas. Por isso, a empatia pode ser melhor compreendida como um estado de ser e não como um conjunto de atividades ou intervenções. As pessoas às vezes descrevem uma pessoa empática como alguém que está "lá para elas". Homero provê uma boa descrição da empatia: "Ensinado pelo tempo, meu coração aprendeu a arder pelo bem dos outros e se derreter com o sofrimento alheio".[5]

Empatia não é simpatia. Simpatia é quando sentimos pena de uma pessoa ou demonstramos piedade por ela, o que as destitui de sua singular dignidade humana.[6] Em contraste, a empatia requer que respeitemos uma pessoa o bastante para ouvi-la e fazer o melhor possível para compreender sua perspectiva. Como explicou um pastor: "Eu dou um passo atrás e me ponho em seu lugar". Essa abordagem nos permite estar a seu lado e demonstrar que compreendemos que estão sofrendo. Ao nos permitirmos compartilhar do sofrimento alheio, estamos validando a existência daquela pessoa como alguém que tem sentimentos. Temos o poder de demonstrar às pessoas que é correto ter sentimentos e confiar em si mesmas. Isso também pode lhes dar a esperança de que as coisas podem melhorar.

Demonstrar empatia pode ser uma experiência desafiadora

A empatia pode ser uma aptidão difícil de ser aprendida porque frequentemente sentimos que se espera que sejamos os solucionadores dos problemas dos outros – sobretudo quando nos pedem ajuda e orientação. Nessas situações, em geral, oferecemos os melhores conselhos e recomendações de cunho teológico. No entanto, há momentos cruciais nos quais as pessoas simplesmente precisam de nós para ouvi-las e nos importar com elas. Uma chave para a empatia é simplesmente o ato de ajudar os outros a sentir que estão sendo ouvidos e compreendidos.

Como líderes religiosos, pode ser difícil não julgar os outros quando compartilham conosco seus segredos mais obscuros, porque parte do papel que exercemos inclui a oração e o ensino de preceitos morais. Sendo assim, às vezes nos consideramos agentes de polícia espirituais ou guardiões da verdade. Quando as pessoas compartilham coisas que atentam contra nossas sensibilidades, o que é mais importante para nós, tratar de corrigir as pessoas, ou ajudá-las a sarar?

Jesus mostrou qual deve ser a resposta quando se dirigiu à mulher adúltera: "Eu também não a condeno. Agora vá e não peque mais" (João 8:11). Primeiro, Jesus ajudou a mulher a sarar; depois ensinou-lhe como evoluir daquela situação. Considere o contraste entre os homens que se preparavam para apedrejá-la por seu adultério e Jesus, que optou por não a condenar. De fato, os homens foram embora após Jesus tê-los relembrado de suas próprias imperfeições. A empatia nos permite ir além de nosso julgamento habitual de comportamentos que consideramos imorais.

O ego também pode influenciar nosso julgamento, com comentários internos como: "Bem, pelo menos eu nunca fiz isso". Brené Brown explicou como nossos julgamentos podem vir de uma área de insegurança:

> A empatia é incompatível com vergonha e julgamento. A atitude de não fazer julgamentos exige compreensão. Tendemos a julgar nas áreas em que somos mais vulneráveis ao sentimento de vergonha de nós mesmos. Não tendemos a julgar os outros em áreas nas quais nosso senso de autovalorização é estável e seguro. Para ficar firme na atitude de não julgar, devemos prestar atenção a nossos próprios gatilhos e questões.[7]

Marco Aurélio também referiu-se a como podemos ser tendenciosos no julgamento. "Sempre que estiver prestes a ver uma falha em alguém, faça a si mesmo a seguinte pergunta: 'Que falha minha é a que mais se parece com esta que estou prestes a criticar?'".[8] Felizmente, nosso trabalho anterior com a autoconsciência emocional, nos capítulos 2 e 3, pode ser muito útil para impedir-nos de optar por julgamento em vez de empatia. Ajuda também lembrarmos a admoestação de Jesus: "Não julgue, para não ser julgado" (Mateus 7:1).

A necessidade de empatia aos líderes religiosos

Os que nos procuram buscando ajuda precisam que demonstremos empatia, por muitos motivos. Como antes mencionado, quando as pessoas estão sofrendo, elas precisam que sejamos empáticos. E quando somos, estamos lhes oferecendo um lugar que para elas é um porto seguro durante uma tempestade em suas vidas, especialmente quando não têm outro lugar para ir. Muitas vezes as pessoas se sentem envergonhadas, inúteis e indignas de serem amadas. Com empatia na atitude e na abordagem, podemos emular o amor de Deus por cada pessoa e ensinar cada uma delas a apreciar quem são como seres humanos, que "foram criados divina e maravilhosamente" (Salmos 139:14). Podemos pensar cada pessoa como um vitral, lindo e totalmente único, que foi quebrado, porque o vidro nunca se quebra da mesma maneira duas vezes. Portanto, quando demonstramos empatia para com os outros, estamos compartilhando o privilégio de cuidar da arte de Deus.

As pessoas com quem trabalhamos também precisam que demonstremos empatia quando cometem erros, especialmente quando servem em nossa organização. Por exemplo, algumas pessoas sentem que as coisas estão indo além do limite em seu trabalho voluntário e precisam de incentivo. Um líder religioso explicou como um congregante ficou sobrecarregado quando liderava um ministério para crianças, com garotos da vizinhança:

> Se você não trabalhou aqui... é difícil descrever. Elas roubam, quebram coisas, machucam umas as outras de propósito e brigam como se fosse um *gong show** Vocês sabem, ele tinha um plano e queria ensinar-lhes sobre Jesus. Mas tudo que estava conseguindo era ser um policial durante toda a noite, e não estava fazendo isso muito bem, porque o grupo se afastava dele. Eu tive de ir ajudá-lo uma porção de vezes, e ele se sentia mal. Estava aos prantos no final do dia.

Podemos demonstrar gentileza e humildade nessas situações, compartilhando os erros ou falhas que cometemos quando tínhamos menos experiência. Podemos também treiná-los para que melhorem, de um modo que não esmague seu espírito. Aquele mesmo entrevistado compartilhou como ajudou seu congregante, ao perguntar: "Como podemos aprender com esta noite, para que ao acontecer novamente estejamos mais preparados?".

Quando compartilham conosco ou confessam suas falhas morais e espirituais, é muito importante que os tratemos com compaixão e dignidade. Se não formos cuidadosos, podemos exacerbar seus sentimentos de vergonha, que podem ser profundamente destrutivos. Demonstrar empatia nessas circunstâncias é crucial, porque se as pessoas

---

* Espécie de show de calouros repleto de situações absurdas, transmitido pela TV na década de 1970. Mais genericamente, empreendimento que resulta em confusão e desastre total. [N. T.]

se sentirem julgadas por seu líder religioso vão estar correr o risco de associar a condenação a Deus.

Maneiras práticas de adquirir empatia

Uma das melhores maneiras de adquirir empatia é aprender a escutar, a ouvir profundamente. Como qualquer outra aptidão, ouvir atentamente é algo que podemos aprender a fazer bem, mediante treinamento e prática. Quando ouvimos alguém adequadamente, estamos dando a essa pessoa uma dádiva rara. Ela pode estar sentindo que é ouvida pela primeira vez em muito tempo, se não pela primeira vez na vida. Ouvir a história de alguém sem interrupção, distração ou julgamento é o primeiro passo para demonstrar empatia. M. Scott Peck escreveu: "A mais importante forma de atenção que podemos dar a nossos entes queridos é ouvir... Ouvir de verdade é o amor em ação".[9]

A maioria dos conselheiros profissionais aprendem a ser ouvintes ativos em seu processo de treinamento profissional. O ato de ouvir com atenção ativamente também pode ser muito útil para líderes religiosos. Esse processo inclui vários elementos essenciais que podemos aprender ao aprimorarmos nossas aptidões para ouvir. Primeiro, a atenção ativa inclui o ato de fazer perguntas abertamente, de modo que os outros fiquem encorajados a compartilhar suas histórias e sentimentos sem nossa interferência ("me conte mais sobre...", por exemplo). Segundo, podemos facilitar a conversa provendo "incentivadores mínimos", como o uso da expressão "hmm-hmm", ou assentindo com a cabeça em momentos cruciais das histórias. Depois, podemos devolver o que ouvimos com paráfrases ou um resumo, para confirmar que estávamos ouvindo com atenção. Isso também cria uma oportunidade para esclarecer qualquer coisa que não tenhamos compreendido bem.

Além disso podemos demonstrar atenção ativa mantendo contato visual durante a conversa para mostrar que estamos prestando a máxima atenção (não olhando para celulares, relógios, computadores ou transeuntes, por exemplo). Por fim, podemos demonstrar uma postura não crítica e uma linguagem corporal não agressiva, como inclinar-se para frente na cadeira como prova de nosso interesse. Isso contrasta com linguagens corporais que não incentivam a continuar conversando, como inclinar-se para trás na cadeira, cruzar os braços ou apoiar a cabeça na mão, como se estivéssemos entediados. No todo, os elementos essenciais para se tornar um bom ouvinte são uma vontade sincera de ouvir o que a outra pessoa está dizendo e o ato de prestar toda a atenção a ela.

Além de incrementar nossas aptidões para ouvir com atenção, podemos também desenvolver empatia aprendendo a reconhecer e interpretar comportamentos não verbais. O comportamento não verbal pode incluir gestos, movimentos corporais e expressões faciais. Um líder religioso descreveu como percebeu que seu congregante estava preocupado com alguma coisa. "Eu vi em seu rosto, e simplesmente fui capaz de ler isso". Precisamos aumentar nossa capacidade de compreender as diferentes maneiras pelas quais as pessoas se comunicam conosco se quisermos compreendê-las completamente. A atenção ativa leva à empatia, e a empatia é capaz de levar a *insights* sobre os outros que podemos usar para continuar a ajudá-los.

Os riscos da empatia para líderes religiosos

Assim como muitas pessoas que seguem uma carreira em profissões de ajuda e assistência, líderes religiosos tendem a ser pessoas bondosas e empáticas. Ron Cook escreveu que a maioria dos pastores "é dotada de uma mentalidade altruísta. É esse altruísmo com o bem-estar alheio, ou a dedicação a ele, que constitui um dos atributos mais cativantes que um pastor traz para a igreja. Eles se importam e cuidam. Cuidam frequente e profundamente".[10] Devido a nossa profunda dedicação ao ministério, é vital que aprendamos a ser cuidadosos em relação às pessoas a quem oferecemos empatia e a quando a oferecemos. Há motivos para isso. Primeiro, algumas pessoas podem tirar vantagem de nosso tempo e de nossa energia emocional. Entende-se que outros passem por períodos difíceis em suas vidas que exigem mais empatia do que em outras épocas. No entanto, algumas pessoas exigem consistentemente uma quantidade muito grande de nossa energia emocional devido a sua imaturidade emocional ou espiritual, ou, em alguns casos, porque têm um distúrbio psicológico. Por mais que queiramos ajudar a todos, precisamos ter cuidado quando trabalhamos com certas pessoas, porque elas podem nos puxar para a "toca de coelho" de suas vidas, não nos deixando tempo ou energia para outros indivíduos, outras famílias, ou nós mesmos.

Além disso, o número de pessoas a quem servimos e a magnitude de suas necessidades podem exceder nossa capacidade de demonstrar empatia por cada pessoa, a cada dia. Dito de outra maneira, a energia emocional requerida para demonstrar empatia não é um recurso ilimitado. Apesar disso, muitos de nós ainda se aventuram além dos limites de nossas forças. Cook descreveu como a demonstração de empatia pode criar uma Fadiga de Empatia, se não mantivermos equilíbrio emocional e espiritual:

A Fadiga de Empatia é a kryptonita do pastor. Uma das responsabilidades inescapáveis como pastor é ser "sensível ao toque"; muito do que fazemos exige ouvir com atenção e estar emocionalmente envolvido com os problemas das pessoas, e depois responder a isso com verdade e com amor. A Fadiga de Empatia drena a força de um pastor quando ele se recusa com teimosia a cuidar de si mesmo espiritual, emocional e fisicamente... a Fadiga de Empatia parece ser um buraco negro que nos drena, muito mais rápido do que conseguimos administrar, de nossa capacidade de manter sob controle o equilíbrio espiritual.[11]

Para neutralizar a Fadiga de Empatia, muitos líderes religiosos delegam à sua equipe ou a colegas o cuidado com algumas das situações emocionais com que se deparam. Outros treinam líderes leigos para ajudá-los nessas circunstâncias. Alguns líderes religiosos também escolhem um terapeuta profissional de sua confiança a quem podem encaminhar pessoas em situações especialmente difíceis.

Talvez o mais importante seja aprender a liberar as cargas emocionais dos outros, assim como as nossas próprias, para Deus. Lembre-se: a capacidade divina para cuidar dos problemas e dos sofrimentos dos homens é muito maior do que a nossa.

Empatia por nossa família

Com frequência ficamos tão completamente envolvidos nas vidas daqueles a quem servimos que nosso trabalho nos exaure. No entanto, devemos lembrar que nossa família também precisa de nossa empatia. Na verdade, nossa família deveria receber o melhor de nossa energia emocional, porque para ela somos insubstituíveis. Nosso ego pode acreditar que ninguém é capaz de cuidar dos outros tão bem quanto nós, mas isso não é verdade. Esquecer essa verdade é um dos caminhos mais fáceis para perdermos o equilíbrio de nossa vida pessoal e profissional, o que pode prejudicar os relacionamentos que mais importam. Como declarou um entrevistado: "Tenho visto pastores demais sacrificar essencialmente sua família pela igreja". Dito de modo simples, nossos cônjuges e filhos não merecem ser negligenciados devido a nossa missão. O pastor Scott Thomas descreveu quão facilmente isso pode acontecer:

> Minhas primeiras experiências com o sucesso levaram-me, em seguida, a perseguir um objetivo ilusório, e trabalhei incontáveis horas às expensas de meu casamento. Em meu raciocínio, minha amada esposa entenderia. No início, eu justificava trabalhar tantas e longas horas dizendo a mim mesmo que isso aumentaria a frequência à igreja ao ponto de as oferendas sustentarem as despesas da igreja. Mas depois que isso foi alcançado, continuei a trabalhar duro para satisfazer meu próprio ego e orgulho, e para obter reconhecimento.[12]

Se acreditamos que temos de demonstrar empatia por aqueles a quem servimos, devemos lembrar que oferecer empatia aos membros de nossa família é duas vezes mais importante. Às vezes isso pode ser tão simples como prestarmos atenção a eles quando têm algo significativo a compartilhar conosco. Um líder religioso disse: "Quando carrego comigo toda essa loucura de sofrimento e dor para a vida de minha família, minha mulher fica sobrecarregada. Como é que eu sei? Ela me diz".

Nossa família e nossos amigos estarão em nossas vidas muito depois de nossa liderança religiosa ter terminado, sobretudo se demonstramos empatia por eles quando precisaram de nós. Um veemente conselho: nosso ministério primordial deve ser sempre para nossa família.

Quando damos atenção às suas necessidades, nossa vida doméstica fica equilibrada, porque nossas prioridades estão bem ordenadas. Isso, por sua vez, pode nos ajudar a servir melhor aos outros, porque teremos mais energia emocional para dar.

Um apelo por compaixão

Desenvolver empatia é para alguns líderes religiosos mais fácil do que para outros. O grau de facilidade com que desenvolvemos e aprofundamos nossa capacidade de exercer empatia depende de nossa capacidade de abrir o coração e experimentar uma conexão emocional e espiritual com outras pessoas. Sem ela, corremos o risco de permanecer ocultos dentro da armadura de nosso próprio ego. Quando seguimos além do ego, para a empatia, somos capazes de aceitar que as pessoas vivem suas vidas com as melhores intenções, seja lá o que isso signifique para cada um de nós, e não importa quão falhos possamos ser. Meister Eckhart, um teólogo que escreveu extensamente sobre compaixão, declarou: "Você precisa amar todas as pessoas como a si mesmo, estimando e considerando-as da mesma forma. O que acontecer com o outro, *seja alegria ou tristeza*, acontece com você".[13]

Quando paramos de fazer julgamento e evitamos a tentação de presumir que conhecemos as intenções dos outros, estamos prontos para usar nosso conhecimento e nossas aptidões para melhorar nossa eficácia quando trabalhamos com congregações inteiras, organizações e comunidades. O próximo capítulo se concentra no atributo chamado "consciência organizacional". Como você muito provavelmente aprendeu, trabalhar em uma organização acarreta recompensas e desafios muito diferentes dos que encontramos quando trabalhamos com indivíduos. Podemos aprimorar mais nossa liderança tendo *insights* quanto à dinâmica organizacional. Ao fazer isso, podemos aprender a antecipar essas forças, e reagir a elas, com equilíbrio e confiança.

6

Aprendendo a ter consciência organizacional

A eficácia organizacional não se baseia nesse conceito de concepção estreita chamado racionalidade. Baseia-se numa mistura de lógica bem lúcida e intuição poderosa.
HENRY MINTZBERG[1]

No capítulo anterior, tratamos de como desenvolver empatia, que é um passo significativo rumo ao desenvolvimento de um importante atributo da QE, a consciência organizacional. À medida que aprendemos a ouvir melhor as pessoas, começamos a compreender os indivíduos em nossa organização e seus pontos de vista. E quando compreendemos os indivíduos em nossa organização, podemos então começar a adquirir consciência de seu estado emocional coletivo. A consciência organizacional envolve compreender as pessoas quando operam em grupo, e como suas diversas interações afetam uma a outra, e a dinâmica de grupo. Ao ler este capítulo, você notará que começamos a fazer uma significativa mudança de foco em nossa perspectiva interna em direção a um conjunto externo de aptidões mais práticas.

O que é consciência organizacional?

Muitos dos líderes religiosos que entrevistamos expressaram como é valioso o fato de eles compreenderem o fluxo emocional de sua organização. Esse processo pode ser uma experiência que abre os olhos de líderes religiosos recentemente graduados. Muitos acreditam que trabalhar numa organização religiosa será um porto seguro para a turbulência emocional ou para os desafios de seus objetivos profissionais. Quando começamos a exercer nossa liderança religiosa, logo nos damos conta de quão desafiador pode ser liderar uma igreja ou uma organização religiosa. Essa dificuldade se materializa dentro da equipe de nossos colegas de trabalho ou com os congregantes.

O que também pode ser confuso para muitos líderes religiosos é o modo como o teor de nossa organização pode mudar de maneiras que não esperávamos. Essa confusão acontece quando não temos consciência de quais são as pessoas decisivas no grupo e de como se comunicar com elas. São os indivíduos em nossa organização que têm considerável influência na configuração de programas ou políticas. Temos de levá-los em conta se quisermos ser bem-sucedidos. O traço da consciência organizacional é definido como "identificar as correntes emocionais e as relações de poder de um grupo".[2] Neste capítulo, vamos discutir como ver nosso trabalho como líderes religiosos de diferentes maneiras, de modo que nossa consciência organizacional melhore. Também compartilhamos métodos práticos para aumentar e utilizar esse atributo essencial da QE.

Organizações religiosas não são famílias

Nossa família original é nossa primeira experiência dentro de uma comunidade. O modo como cada um de nós vive a experiência familiar, e como essas experiências afetam nossa necessidade de ter uma comunidade varia individualmente. Aqueles de nós cuja família original não satisfez as necessidades emocionais quando crianças tendem a buscar um grupo que ofereça o que faltou na infância. Inconscientemente, nosso objetivo pode ser o de criar uma família substituta. Essa percepção pode confundir a liderança religiosa, porque costuma existir uma irmandade espiritual entre as pessoas de nossa igreja ou nosso grupo religioso. Por exemplo, muitos de nós usamos comumente expressões como "a família da igreja" e "nossos irmãos e irmãs em Deus". A constatação de que nossa organização religiosa não é nossa família real pode ser uma dolorosa perda de ingenuidade. Começamos a compreender que a organização não é um bom pai e que seu trabalho não é nem de perto tão seguro quanto esperávamos que fosse.

Isso ajuda a reconhecer que a liderança religiosa é nosso emprego. Não se pode contar com essa vida de trabalho para preencher nossos déficits emocionais ou para nos ajudar a curar feridas familiares do passado. Os relacionamentos que construímos podem ser excelentes e satisfatórios, mas nosso trabalho só pode satisfazer uma parte de nosso desejo de comunidade. Como antes mencionado, as pessoas têm suas próprias necessidades emocionais, e isso limita sua capacidade de satisfazer as nossas. Para complicar as coisas, a maior parte dos cargos de liderança religiosa dura, tipicamente, só alguns anos antes de os deixarmos ou sermos solicitados a deixá-los. Se nos permitirmos pensar no trabalho como nossa família, poderemos nos sentir desprovidos, e até mesmo abandonados, quando não formos mais parte daquele grupo.

Como a necessidade que temos de uma comunidade não pode ser completamente satisfeita por aqueles a quem servimos, precisamos ser parte de uma comunidade que exista fora de nossa organização religiosa. Esse conselho parece ser contraintuitivo; no entanto, ter um sistema de apoio fora de nosso trabalho provê a estabilidade de que precisamos durante os altos e baixos da liderança religiosa. Ajuda-nos a sobreviver emocional e espiritualmente, não importa o que aconteça durante nossa carreira. Além disso, ter relacionamentos confiáveis fora de nossa congregação nos provê a objetividade e perspectiva que precisamos à medida que tratamos das necessidades daqueles a quem servimos e da organização religiosa como um todo.

Organizações são sistemas

Uma maior percepção de nossa organização religiosa como um sistema nos facultará uma valiosa compreensão de como ela funciona. Na teoria dos sistemas, aprendemos que um sistema é maior do que a soma de suas partes. Em outras palavras, nossa organização é mais do que uma coleção aleatória de indivíduos. Em vez disso, as várias interações que ocorrem entre pessoas numa organização religiosa são descritas como uma "rede dinâmica de elementos interconectados".[3] Uma maneira de descrever isso é a palavra *sinergia*, que é um crescimento exponencial da energia coletiva dos envolvidos. Ter consciência de como essa dinâmica opera nos ajudará a liderar com sucesso, por conhecer as variáveis que existem entre os que ocupam posições chave e como isso afeta vários programas.

Numa situação ideal, os que ocupam posições chave põem de lado seus próprios interesses e participam juntos num relacionamento reciprocamente responsivo concentrado num propósito comum.[4] A maioria de nós quer acreditar que o propósito comum é tacitamente compreendido por todos os membros de nossa organização religiosa; no entanto, não podemos nos permitir ser tão ingênuos. Líderes religiosos carentes de consciência organizacional tendem a acreditar que só precisam interagir e se comunicar com uma pessoa ou com um grupo central, como seu supervisor imediato, ou com uma junta diretora. Essa abordagem é problemática porque uma organização religiosa é um sistema complicado de indivíduos, cada um com suas agendas próprias e sua influência no grupo. Um caso de estudo vem à mente:

James, um pastor associado, teve a ideia de começar um serviço de culto adicional numa nova noite da semana. Esperava poder supervisionar esse novo serviço, já que ele era seu "bebê". James encontrou-se com a pastora líder, Sara, e proferiu um discurso apaixonado sobre a razão pela qual o novo serviço seria um sucesso. Sara perguntou a James se ele tinha considerado como o início de um novo serviço numa nova noite poderia afetar os vários grupos pequenos que já se reuniam à noite. Ressaltou que os líderes desses pequenos grupos poderiam ficar contrariados se a frequência fosse negativamente afetada devido ao novo serviço. Sara explicou também a James que manter outro serviço de culto iria requerer que a equipe do culto atuasse e se desempenhasse com o dobro de frequência. Sara instruiu James a levar em conta que o começo de um novo serviço de culto poderia esgarçar os recursos da organização, deixando-os ralos demais. Também aconselhou James a pensar na eficácia do programa de pequenos grupos e como era importante não abandonar esse programa. James saiu da reunião frustrado, porque Sara parecia não compreender quão impactante poderia ser no novo serviço de culto.

Nesse cenário, James não se deu conta de que sua liderança religiosa se exerce dentro de um sistema organizacional maior. Sua ideia, se implementada, teria consequências indesejáveis para a congregação. Quando aprendemos a compreender nossa organização como um sistema, podemos aprender a implementar melhor as ideias e progredir como líderes. Se James tivesse tido uma visão sistêmica de sua ideia, poderia ter sido capaz de adaptá-la para que encaixasse no sistema. Poderia também ter antecipado as preocupações de Sara e lhe apresentado soluções criativas. A consciência de nosso sistema organizacional nos ajuda a sermos melhores colaboradores e líderes, porque aprendemos como pessoas e programas se conectam e afetam uns os outros.

Sistemas tendem a resistir a mudanças. Em parte, essa resistência ocorre porque não é provável que os que têm o controle do sistema permitam que ocorra uma mudança, a menos que a relação custo/benefício da mudança seja clara e justificável. Organizações religiosas tendem para uma homeostase, termo que descreve como organizações e organismos buscam estabilidade e equilíbrio. Como outras organizações, as religiosas se inclinam a "preferir segurança a risco, sobrevivência a missão, estabilidade a mudança".[5] Se nos envolvermos no tipo de atenção profunda discutida no capítulo 5, começaremos a compreender que muitos membros de uma organização religiosa acreditam que preservar o *status quo* lhes dará segurança quanto aos perigos e armadilhas da vida cotidiana. Como resultado, podemos ter de enfrentar normas congregacionais que mantêm o sistema cativo e prejudicam nossa liderança. Percebendo como é o sistema, aprendemos a liderar nossa organização religiosa estrategicamente, a despeito da relutância de elementos essenciais. Adquirimos a aptidão para superar a temida objeção: "sempre fizemos dessa maneira".

Aferindo a paisagem política

É útil pensar na consciência organizacional como uma aptidão política. Toda organização tem uma paisagem política que pode ser aferida, e esse processo frequentemente tem uma aplicação prática para a liderança. Talvez pensemos na política como um negócio sujo, mas podemos aumentar nossa perspicácia política ao mesmo tempo que mantemos nossa integridade, respeitabilidade e autenticidade com congregantes e colegas de trabalho. Como ensinou Jesus a seus discípulos, devemos ser "espertos como as serpentes e inocentes como as pombas" (Mateus 10:16). A consciência organizacional permite que percorramos a paisagem política de nosso trabalho sem sucumbir à enganação, à obstinação, ou a um comportamento passivo-agressivo para levar adiante nossa agenda.

Começamos a aprender sobre a política de nossa organização ao compreender como são alocados os recursos. O conceito de política foi definido por Harold Lasswell como o negócio de "quem obtém o quê, quando e como".[6] Em outras palavras, política é como obtemos ou mantemos recursos para nossas iniciativas e programas em andamento. Exemplos de recursos numa organização religiosa incluem financiamento, crédito por êxitos da organização, construção de espaços, transporte, popularidade, distribuição de talento voluntário ou suporte da liderança. Fazer *lobby* por recursos frequentemente cria conflito. Portanto, uma das principais mudanças políticas para líderes religiosos é como argumentar em favor dos recursos que necessitamos sem ter de brigar por cada coisa. Nos capítulos 2 e 3, escrevemos que a autoconsciência emocional e o controle de nosso ego podem ser úteis nessas situações ao aprendermos a escolher cuidadosamente quais serão nossas batalhas.

Podemos também nos tornar peritos em consciência organizacional aprendendo a interpretar e influenciar a política. Toda organização tem um sistema de políticas escritas e não escritas. Aprender essas políticas e a história de como cada uma veio a existir é crucial para que operemos eficazmente em nossa organização. Lembre-se: será útil manter uma atitude humilde antes de começar a desafiar ou mudar uma política, porque pode ter havido uma boa razão para ela ter sido implementada. Manter uma atitude diplomática em relação às políticas atuais e maneiras informais de operar pode também nos ajudar para que não ofendamos acidentalmente as pessoas envolvidas em sua condução, em primeiro lugar. É preciso ter uma atenção profunda e uma observação focada para dominar como a organização funciona. Essa prática é essencial se queremos implementar nossos objetivos de liderança.

Compreender agendas

Todo aquele que opera dentro de uma organização tem uma agenda, que é a intenção pessoal de alcançar um resultado particular. Para complicar as coisas, as pessoas podem ter ou não consciência de suas próprias agendas. A maioria das agendas individuais são uma combinação de motivos bem-intencionados e nobres, embora às vezes possam não ser construtivos. Para operar de modo eficaz na liderança religiosa, temos de lembrar que estamos trabalhando com pessoas cujos motivos podem ou não se alinhar com nossa agenda ou com a agenda declarada da organização. Saber o que motiva cada pessoa é útil para líderes religiosos, porque é o que nos ajuda a antecipar suas ações.

Como discutido no capítulo 3, podemos entender melhor o que, em geral, motiva cada pessoa quando ficamos proficientes na teoria do temperamento. Por exemplo, algumas pessoas são motivadas quando são publicamente louvadas por suas realizações, enquanto outras precisam sentir-se úteis sem atrair atenção para si mesmas. Outro modelo para uma motivação abrangente vem de William Glasser, o qual teorizou que somos motivados por cinco necessidades humanas essenciais: sobrevivência, amor, e pertencimento, poder, liberdade e diversão.[7] Glasser declarou que cada pessoa é impulsionada mais fortemente por uma ou mais dessas necessidades. Ao tomar conhecimento do que motiva as pessoas que ocupam as principais posições em nossa organização, podemos ter palpites bem-fundamentados quanto à direção que nossa organização pode tomar. Essa intuição nos ajuda a antecipar um movimento político antes que ele aconteça. Pode também ser útil como recurso proativo para exercer influência, o que será tratado no próximo capítulo.

As pessoas despendem energias com suas agendas, percebam elas ou não. Líderes religiosos precisam ter consciência disso, porque é a energia despendida por pessoas nas posições principais que faz as coisas acontecerem em nossas congregações. Uma vez tendo você, como líder religioso, decidido cuidadosamente por um curso de ação (como um projeto ou uma iniciativa) para sua organização, um de seus objetivos, antes de seguir adiante, deveria ser contar com a adesão de pessoas nas posições principais. Pense em duas pessoas que tentam puxar o mesmo objeto em direções diferentes. Sem um alinhamento da agenda, o projeto não irá em frente na maior velocidade e o maior sucesso possíveis, porque as pessoas que têm agendas diferentes trabalharão, aberta ou ocultamente, contra o projeto. Em contraste, se o projeto for parte de uma decisão de grupo que inclui todos os que ocupam posições principais, o alinhamento da agenda ocorre de forma natural, e o progresso vem com muito mais facilidade, porque a energia de todos fica também alinhada.

Idealmente, deveríamos criar ao longo do processo tantos aliados quanto possível, por meio de uma comunicação respeitável. É mais provável que pessoas se alinhem conosco se prestarmos atenção ao que é mais importante e central para elas, e compreendermos por que elas mantêm a agenda que mantêm. As pessoas também responderão mais positivamente se sentirem que foram tratadas com respeito. Manter sua confiança terá um impacto positivo quando tentarmos nos alinhar com elas.

Implementar ideias com consciência organizacional

Um elemento integrante dos líderes religiosos bem-sucedidos é a implementação de nossas ideias e objetivos na forma de novas iniciativas. A consciência organizacional pode nos ajudar a lançar esses projetos suavemente. Com base em conceitos já abordados neste capítulo, seguem alguns passos práticos a serem adotados quando colocamos nossas ideias em ação:

1. Analise com cuidado os motivos pelos quais o projeto pode ou não valer a pena.
2. Verifique duplamente seus motivos para ter certeza de que essa iniciativa vai beneficiar a organização mais do que atender as suas necessidades pessoais de comunidade, reconhecimento e assim por diante.
3. Determine o tempo, o dinheiro e a energia necessários para realizar o projeto. Crie um plano racional para obter esses recursos. Pergunte a si mesmo se os benefícios desse programa valem o que vai custar a você e à organização.

4. Identifique o quanto esse projeto é consistente com a atual política ou as normas da congregação. Se difere da política ou das normas, o desafio de resolver isso deve ser superado primeiro, ou o projeto não vai progredir com êxito.

5. Considere como esse projeto se encaixa no sistema geral da organização. Ele satisfaz uma necessidade legítima sem prejudicar outro programa da organização?

6. Construa parcerias com pessoas que ocupam posições importantes, identificando suas agendas, encontrando formas práticas e racionais de compromisso entre todas as partes no que concerne aos detalhes do projeto. Sempre que possível, crie uma série de situações em que todos ganham, de modo que nenhum dos participantes se sinta marginalizado.

7. Com a participação de pessoas que ocupam posições importantes, crie um plano para lançar o projeto.

8. Comunique o plano a todos os demais participantes, em círculos concêntricos (abordamos esta técnica de modo mais completo no próximo capítulo).

9. Avalie quaisquer objeções remanescentes e ajuste o plano à luz da razão.

10. Lance o projeto e avalie objetivamente o progresso de participação da congregação.

Avalie os desafios e minimize os conflitos

Como antes descrito, a consciência organizacional pode ser um recurso útil quando se lançam novos projetos e iniciativas. Além disso, a consciência organizacional pode nos ajudar a antecipar, identificar e avaliar ameaças existentes a programas e a nossa liderança religiosa. Às vezes, precisamos da consciência organizacional para sermos proativos e irmos em frente com nossos objetivos; outras vezes, precisamos ser reativos ao nos defendermos dos desafios a nossa liderança. Quando somos organizacionalmente conscientes, não fraquejamos quando ocorrem esses desafios, nem nos deixamos surpreender por aqueles que lhes dão início.

Podemos dividir as pessoas de nossa organização em três categorias: aliados, associados e adversários. Os aliados, tipicamente, querem estar ao nosso lado e nos defender num conflito. Os associados são neutros: podem não nos ajudar, mas tampouco tentam nos atingir nem prejudicar nossos objetivos. Os adversários despenderão energia para se opor a nossa agenda, e às vezes trabalham para dificultar nossa liderança em geral. A melhor estratégia que podemos usar é desenvolver quantos aliados pudermos e limitar os adversários ao menor número possível. Também devemos aprender a aceitar que nem toda pessoa será um aliado. Em vez disso, podemos aceitá-la como um associado, não interagindo com ela de modo a fazer com que se torne um adversário.

Podemos evitar a maioria dos conflitos tratando aqueles a quem servimos com cortesia e respeito. Fazendo perguntas e prestando atenção às ideias e preocupações dos outros, é possível afastar a maior parte das ameaças antes que se manifestem. Com consciência organizacional, aprendemos a ouvir as pessoas e a antecipar como melhor interagir com cada uma. Por exemplo, considerando como seus egos podem ser afetados por nossa atitude e nossas ações, qual é sua agenda e quais são suas motivações, e como podemos lhes dar assistência para alcançar seus objetivos. Infelizmente, nem todo conflito pode ser evitado, apesar de nossos melhores esforços. Avaliamos como administrar esses conflitos no capítulo 8.

Conclusão

Quando desenvolvemos o atributo da consciência organizacional, começamos a compreender a dinâmica de grupo. Essa dinâmica apresenta desafios e oportunidades para nossa liderança religiosa. Temos de lembrar que nossa organização é um sistema ocupado por pessoas em posições chave, cada uma com motivações e agendas que são muito importantes para elas. Precisamos nos tornar aptos a defender a alocação de recursos e a implementação de programas sem criar desnecessariamente adversários políticos. Finalmente, deveríamos nos lembrar de que nosso trabalho não tem a ver com a realização de nossas necessidades pessoais de comunidade ou família, e esse conhecimento pode nos ajudar a manter objetividade quanto a nosso papel na organização.

No capítulo seguinte, exploramos como utilizar nossa consciência organizacional e desenvolver um estilo influente de liderança. Estamos ansiosos por dar este próximo passo com você, quando começar a pôr em ação suas aptidões de QE.

7

Exercendo influência

A sua influência realmente começa quando os outros sentem que você está sendo influenciado por eles – quando se sentem compreendidos por você –, que os ouviu profunda e sinceramente, e que está aberto a eles.
STEPHEN R. COVEY[1]

Acabamos de falar sobre como se tornar totalmente consciente da dinâmica organizacional e de como operar dentro dela. No entanto, a liderança religiosa exige mais do que simplesmente existir num estado passivo de consciência. Requer também que saibamos como afirmar nossa liderança e como influenciar outras pessoas. Há momentos em que precisamos estar em movimento e levar as pessoas na direção certa. Liderança é saber para onde você está indo e convencer os outros a segui-lo.

Pode ser desafiador saber conduzir os outros sem os alienar. Felizmente, o fortalecimento desse nosso atributo da QE, a influência, pode facilitar a missão de conduzir outras pessoas mantendo sua confiança. Neste capítulo ajudaremos você a desenvolver uma compreensão de o que é influência e de como ela está ligada à nossa liderança. Discutiremos também como a influência se constrói sobre os atributos de QE que já compartilhamos com você, e como sua compreensão desses traços pode ajudá-lo a pôr essa liderança em ação.

O que é influência?

O atributo da influência é definido como: "Manejar toda uma abrangência de táticas para persuadir".[2] Como líderes religiosos, somos influentes sempre que temos um impacto positivo sobre a fé das pessoas e as persuadimos a fazer escolhas sadias na vida. Esse fenômeno pode acontecer de várias maneiras e numa variedade de cenários. Por exemplo, podemos ser muito influentes e visíveis para grandes multidões de pessoas por meio de nossos sermões ou pregações públicas. Em outras instâncias, nossa influência pode ser afirmada em encontros individuais, aconselhamentos ou em pequenos grupos. Mais importante, talvez, é podermos influenciar outras pessoas pelo modo como as tratamos e como vivemos nossa vida. Afirmar nossa influência é frequentemente um processo mais sutil do que percebemos.

Uma das principais maneiras pelas quais podemos ser influentes é sermos um bom exemplo. O mote "pratique aquilo que prega" se aplica muito literalmente a líderes religiosos. Às vezes pensamos nesse princípio como pertinente apenas a nosso comportamento moral, e é verdade que a moralidade é importante na liderança religiosa. No entanto, influenciar outras pessoas pelo exemplo significa também que deveríamos demonstrar traços de caráter, como bondade e humildade. Como disse um líder religioso: "A melhor coisa é ser sincero no que diz, e dizer o que realmente pensa. Se as pessoas virem que você as acompanha, que se preocupa com elas e que comemora seus êxitos, elas vão querer segui-lo".[3] Outro líder religioso explicou a necessidade de dar um exemplo de autenticidade: "As pessoas veem a combinação que existe entre o modo como vivo a vida e como prego, e a integridade entre as duas coisas".

Vários dos líderes religiosos que entrevistamos disseram que a autenticidade é parte integrante da influência. Um líder religioso explicou: "Acredito que um dos maiores fatores para eu ter tido sucesso em influenciar outras pessoas foi simplesmente ter sido verdadeiro com elas". Outro descreveu como se esforça para ser autêntico: "Você pode enxergar meu 'verdadeiro eu' se quiser; não tem de trabalhar atravessando uma porção de níveis". Um pastor ligou a autenticidade à integridade: "Ser honesto e franco com as pessoas – é como eu consigo que elas me sigam". Numa entrevista com outro pastor, aprendemos como ele usa a autenticidade para construir confiança e influência em seus congregantes: "É só ser verdadeiro com as pessoas e fazê-las compreender que sou apenas um sujeito real. Não sou ninguém especial e não sou melhor que ninguém. Não tenho poderes especiais que eles não têm. Só estou aqui tentando ajudá-los no decorrer desta vida".

Outra maneira pela qual líderes religiosos podem exercer influência é moldando uma visão convincente de sua organização. Moldar uma visão é uma parte vital da liderança, e uma das melhores maneiras de comunicar a direção para a qual a organização está idealmente orientada. Como disse um líder religioso: "Você tem de lhes dar uma visão, uma direção, algo que valha a pena seguir".

No todo, nossos esforços para sermos influentes em nossa liderança serão incrementados se incorporarmos emoção na comunicação. Podemos aprender quando ser sérios e diretos, quando sorrir e rir, e quando demonstrar sofrimento e pena. Podemos também aprender como expressar nossas emoções em vários cenários, quer estejamos nos dirigindo a uma só pessoa, a um grupo pequeno ou a uma multidão. Um pastor explicou que sua influência ficou muito mais forte quando aprendeu como se comunicar com sua congregação de maneira "clara, convincente e sincera".

Afirmando nossa influência

Como líderes religiosos, temos de aprender como asseverar nossa influência se quisermos efetivamente liderar. Assertividade é a capacidade que uma pessoa tem de comunicar emoções, crenças e ideias de modo eficaz e construtivo.[4] Nesse contexto, asseverar nossa influência é o modo como líderes religiosos podem verbalizar honestamente nossos sentimentos a nossos colegas e a quem servimos da maneira mais produtiva possível. Por exemplo, podemos asseverar nossa influência modelando a paixão e a autenticidade. Essa abordagem leva frequentemente a uma experiência dinâmica na qual nos conectamos com outras pessoas de maneiras que nunca tínhamos adotado antes. Quando compartilhamos coisas a partir de nosso coração, podemos alcançar pessoas de uma forma tão poderosa que uma conversa lógica e desapaixonada, sozinha, nunca teria conseguido.

Seu trabalho anterior com a autoconsciência emocional é fundamental para a assertividade da influência. Sem autoconsciência emocional as pessoas continuam incertas quanto ao que de fato querem – e, portanto, incapazes de dizer aos outros o que estão sentindo. É impossível asseverar como nos sentimos sobre qualquer coisa se não compreendermos a nós mesmos. Processar nossos sentimentos em relação a certas pessoas e a circunstâncias específicas nos oferece a oportunidade de nos expressarmos com clareza emocional. Leva tempo e esforço ordenar nossas emoções em sentimentos específicos que somos capazes de reconhecer e classificar; no entanto, usar os recursos apresentados no capítulo 3 pode ajudar significativamente.

Quando temos sentimentos negativos em relação a alguém, podemos asseverar que nossos sentimentos são válidos e que seria saudável conduzir nossas emoções para aquela pessoa. Isso nos permitirá falar sinceramente com ela sobre o que estamos sentindo sem violar a sua dignidade. Então poderemos de fato articular em que pé estamos sem exigir à outra pessoa que concorde conosco. Isso deixa as coisas claras sem provocar o outro numa discussão, e convida a pessoa a ser sincera conosco também. Considere o seguinte exemplo que nos foi relatado sobre como abordar um mal-entendido entre dois líderes religiosos:

> Michelle era uma pastora associada que trabalhava com outro pastor, chamado Dan. Em certa ocasião, Dan fez numa reunião de equipe um comentário sobre Michelle que, na percepção dela, a fez parecer incompetente ante seus colegas e seu chefe. Michelle ficou ressentida com isso por três dias, e notou que seu relacionamento com Dan tinha ficado tenso durante esse período. Por fim decidiu discutir seus sentimentos com Dan, e agendou um encontro com ele para esse fim. Michelle agradeceu a Dan por reservar um tempo para aquele encontro, e compartilhou com ele como se sentia quanto ao comentário na reunião anterior. Dan ficou surpreso por Michelle ter se sentido assim e imediatamente se desculpou e assegurou a Michelle que não quisera feri-la. Michelle foi cortês e aceitou as desculpas de Dan. Tanto Dan quanto Michelle ficaram agradecidos pela oportunidade de se comunicarem reciprocamente, e seu relacionamento profissional e mútuo respeito aumentou dramaticamente devido àquela reunião.

Há três tipos básicos de conversa ou interação pessoal que podem ocorrer entre duas pessoas: passiva, agressiva e assertiva. Quando líderes religiosos são passivos, estamos renunciando a nossa aptidão para compartilhar sentimentos ao permitir que outras pessoas controlem a conversa. Inversamente, se tivermos uma abordagem agressiva, vamos dominar a conversa e negar à outra pessoa a oportunidade de se expressar. Em contraste, asseverar nossa influência não é uma atitude passiva nem agressiva. E sim, uma interação em duas vias baseada em respeito mútuo. É um suave terreno intermediário no qual podemos apresentar nossos sentimentos sem invalidar os sentimentos dos outros. Parafraseando Lou Gerstner: "Diz respeito a honestidade emocional... Você comunica, e comunica, e comunica".[5]

Também podemos ser assertivos ao comunicar emoções positivas. Por exemplo, quando dizemos às pessoas que temos apreço por elas, estamos assegurando como nos sentimos em relação a elas. Pode ser fácil despender tempo e energia apenas nos aspectos negativos da liderança religiosa, como quando pessoas nos desapontam ou nos agravam. No entanto, se pudermos compartilhar um *feedback* positivo com outros mais frequentemente do que comentários negativos, é mais provável que eles respondam de modo favorável. Como escreveu Donald Miller: "Ninguém prestará atenção a você a menos que sinta que você gosta dele".[6]

Podemos melhorar ainda mais um bom comportamento incentivando nossos colegas e congregantes sempre que fizerem algo certo.[7] Criamos uma "profecia autorrealizável" de comportamento positivo quando comunicamos que consideramos muito os outros, mesmo antes de se terem demonstrado merecedores disso. Em geral, as pessoas vão querer fazer o seu melhor para corresponder às expectativas que estabelecemos, sejam positivas ou negativas. Se demonstrarmos que nossa opinião quanto a eles é de alto nível, as pessoas frequentemente se esforçarão para não nos decepcionar. Essa poderosa interação pode levar a um relacionamento sadio e produtivo, com base em confiança e respeito mútuos. Isso permitirá que influenciemos a quem servimos para que sejam as melhores pessoas que são capazes de ser: "Portanto, exortai-vos uns aos outros, e edificai-vos uns aos outros" (I Tessalonicenses 5:11).[8]

Também é importante que demos crédito a pessoas que contribuem para um projeto ou programa, em cada etapa do trabalho. Podemos fazer isso publicamente ou em particular, dependendo do que acreditamos ser apropriado em determinado momento. É provável que isso as incentive a considerar o projeto e a contribuir, na próxima vez em que sua ajuda for requisitada. Lembre-se, incentivar não nos custa nada, assim não há por que deixar de fazer um elogio autêntico. Como princípio geral, as pessoas querem sentir que contribuíram para algo que vale a pena, e o trabalho que indivíduos realizam em organizações religiosas não é diferente. Como declarou um pastor: "As pessoas querem ser parte de algo maior do que elas mesmas". Portanto, quando demonstramos nossa apreciação por pessoas e pelo que elas fazem, estamos assegurando nossa influência e criando um impacto enorme nas pessoas individualmente e em toda a organização.

Uma advertência: líderes religiosos são muito influentes devido à posição e ao título que mantêm. O diferencial de poder que existe entre nós e aqueles a quem servimos não deve ser usado de modo equivocado. Se usarmos de nossa influência para induzir erroneamente alguém a promover nossa agenda pessoal, estaremos violando as obrigações de uma confiança que é sagrada. É imperativo lembrar que nossa missão primordial é sempre promover a fé e o bem-estar daqueles que estão sob nossos cuidados, e liderar com uma integridade impecável.

Afirmando nossa influência para uma liderança transformacional

Uma das maneiras práticas para asseverar nossa influência é lançar mão de um estilo de liderança transformacional. Liderança transformacional é definida como um estilo de liderança que "inspira as pessoas a alcançar resultados inesperados e notáveis".[9] Com uma liderança transformacional, seremos capazes de comunicar às pessoas que nos preocupamos com elas e acreditamos nelas. Depois, poderemos mostrar-lhes como desenvolver seu potencial e se sentir uma parte valiosa da organização. Para isso, temos primeiro de aprender a compreender as pessoas e a enxergar suas melhores qualidades. Isso é feito por meio de nosso conhecimento da teoria do temperamento, como discutido no capítulo 3. Podemos também demonstrar-lhes empatia, como extensamente apresentado no capítulo 5. Ao aprofundarmos nossa compreensão das pessoas, seremos capazes de reconhecer suas qualidades e o que as motiva a servir.

À medida que nosso relacionamento com as pessoas se aprofunda, podemos descobrir maneiras de elas crescerem dentro do contexto de nossa organização religiosa. Com um pouco de determinação e criatividade poderemos, em geral, achar uma oportunidade para que cada pessoa se sinta útil, de acordo com suas aptidões. Esse plano pode parecer diferente para cada indivíduo, sobretudo nos papéis de voluntários e de membros da equipe. Com inteligência emocional, podemos aprender a orientar cada um ao crescimento pessoal de maneira empática, levando em conta a individualidade. Podemos também aprender a colaborar com as pessoas, para que elas possam ser parceiras em seu próprio desenvolvimento.

Infelizmente, como líderes religiosos, somos às vezes culpados de ter colocado pessoas em papéis para os quais não são bem adequadas. Esse erro pode acontecer quando não compreendemos uma pessoa totalmente, ou porque temos um cargo que tem de ser preenchido com certa urgência. Quando isso ocorre, estamos criando uma situação em que todos perdem, a organização e aquele indivíduo. Podemos evitar esse erro se considerarmos cada pessoa como única em suas capacidades, e aceitando nossa responsabilidade, como líderes religiosos, de influenciar pessoas de maneiras que se alinhem com seus temperamentos. Por exemplo, colocamos pessoas introvertidas em cargos que exigem lidar com multidões, e extrovertidas em posições tranquilas, isoladas? Cada um desses tipos de temperamento não deveria ser alocado em situações que não conseguirão promover seu sucesso.

No livro *O Tao do Pooh*, Benjamin Hoff usou um antigo ensinamento chinês de Chuang-Tzu para explicar esse princípio:

Hui Shi disse a Chuang-Tzu: "Tenho uma grande árvore que nenhum carpinteiro é capaz de cortar em toras de madeira. Seus galhos e seu tronco são tortos e duros, cobertos de saliências e depressões. Nenhum construtor se volta e olha para ela. Seus ensinamentos são a mesma coisa – inúteis, sem valor. Portanto, ninguém presta atenção a eles".

"Como você sabe," replicou Chuang-Tzu, "um gato é muito habilidoso na captura de sua presa. Agachando-se bem baixo, ele pode saltar em qualquer direção, para alcançar o que estiver perseguindo. Mas quando sua atenção está focada nisso, pode ser facilmente pego com uma rede.

Por outro lado, um grande iaque não pode ser facilmente capturado ou dominado. Ele fica de pé como uma pedra, ou como uma nuvem no céu. Mas com toda a sua força, ele não é capaz de pegar um camundongo."

"Você reclama que sua árvore não serve para dela extrair madeira. Mas você pode usar a sombra que ela provê, descansar sob seus ramos protetores, e caminhar embaixo dela admirando seu caráter e sua aparência. Como não está ameaçada por um machado, o que poderia pôr em perigo sua existência? Ela lhe é inútil só porque você quer transformá-la em outra coisa, e não a usar do modo que ela realmente propicia."[10]

Dessa passagem, aprendemos que todos podem ser valiosos para nossa organização uma vez que reconheçamos seus talentos. Podemos exercer habilmente nossa influência encontrando oportunidades adequadas a cada pessoa. Podemos ensinar pessoas a confiar em si mesmas demonstrando quão alto é nosso conceito sobre elas e seu enorme potencial. Uma vez que as pessoas acreditem que podem ser úteis e bem-sucedidas, passarão a se tornar indivíduos mais fortes e mais saudáveis. Também irão perseverar com suas responsabilidades por mais tempo e aproveitar mais sua realização pessoal, porque seus talentos estarão alinhados corretamente com seus deveres. Por fim, as pessoas podem aprender a apreciar a contribuição de outras porque se sentirão mais autoconfiantes. Portanto, podemos usar a liderança transformacional para incentivar indivíduos a acreditar neles mesmos, respeitar os que os cercam e realizar sua imensa promessa.

Influência mediante técnicas de comunicação

Outra maneira prática para exercer nossa influência é usar técnicas de comunicação estratégica. Muitos líderes religiosos descobrem que a eficácia de sua liderança é fortemente afetada pela maneira como se comunicam com os que ocupam posições chave na organização, como foi apresentado no capítulo 6. Isso é especialmente verdadeiro na ocasião de se instalarem novos programas, novas iniciativas, ou mudanças na política. Planejar intencionalmente uma estratégia de comunicação pode nos poupar de muitos problemas e ajudar nossa iniciativa ou novo programa a serem lançados com êxito. Asseverar nossa influência pode ajudar consideravelmente o processo de comunicação, porque dá clareza e propósito a nossa mensagem.

Na ocasião do lançamento de um novo programa, é importante identificar as pessoas que ocupam posições chave, e quanto cada uma delas pode influenciar no sucesso (ou na sabotagem) de nossa iniciativa. Isso pode ter um aspecto diferente para cada líder religioso, dependendo da configuração da estrutura organizacional e do papel que desempenhamos nela. O que pode ajudar a visualizar esse conceito é projetar-se para fora dele em círculos concêntricos.

Imagine um alvo no qual começamos no centro, com as pessoas que têm mais influência e fazem mais investimento. Movendo-se para fora, cada um dos círculos que vão ficando maiores contém grupos de pessoas com variados níveis de influência. Nosso objetivo é abrir nosso caminho através de cada círculo de pessoas até atingirmos a margem externa do alvo. Ao nos comunicar estrategicamente com as pessoas em cada nível, podemos garantir preciosas adesões em posições chave. Isso nos permite ganhar *momentum* político e aliados ao longo do caminho. Esse processo chama-se construção de consenso, e é um método muito poderoso que nos ajuda a asseverar nossa influência e demonstrar nossa liderança.[11] Um pastor explicou como ele, intencionalmente, usa a construção de consenso para obter apoio para um novo programa: "No fim das contas havia múltiplas camadas de aprovação, das quais eu precisava. Precisava de aprovação de meu pastor sênior, da junta de anciães e do distrito. Tive de trabalhar com mais de cem pessoas para que se juntassem a nós no início, esposa, filhos, amigos queridos e tudo isso".[12]

Um conselho: ao conceber sua estratégia de comunicação, nunca tente contornar a cadeia de comando organizacional para ter sua iniciativa aprovada. Isso só vai criar um conflito desagradável e erodir a confiança de seu(s) supervisor(es) imediato(s), porque você estaria agindo "pelas costas dele(s)". Construção de consenso não significa ser elusivo ou manipulativo. É simplesmente um método prático de asseverarmos nossa influência e nos comunicarmos de maneira eficaz dentro da estrutura de nossa organização. Como acontece com todas as oportunidades para a comunicação, nossas ideias serão mais bem recebidas se abordarmos cada pessoa envolvida com honestidade e respeito.

Conclusão

Aprender a asseverar nossa influência é uma transição necessária para que possamos nos preservar como líderes religiosos. Se não conseguirmos afirmar nossa influência, seremos líderes passivos aos quais falta a capacidade para orientar outras pessoas. Inversamente, se formos agressivos demais, estaremos alienando as pessoas à nossa volta e perdendo a oportunidade de causar um impacto positivo em suas vidas.

Mesmo depois de aprender a afirmar nossa influência, junto com a compreensão que adquirimos quanto à autoconsciência organizacional, no capítulo 6, ainda podemos nos ver em meio a um conflito difícil. No próximo capítulo, trataremos de como gerenciar conflitos com eficácia. Discutiremos também como encarar essas situações como uma valiosa oportunidade para elevar o nível de nossa liderança religiosa.

8

Assumindo o gerenciamento de conflito

O objetivo de resolver um conflito num relacionamento não é vencer ou perder. É chegar a um entendimento e abrir mão de nossa necessidade de termos razão.

CATRIENNE MCGUIRE[1]

Entre todos os atributos da QE que cobrimos aqui, nossa pesquisa e nossa experiência nos demonstraram que o gerenciamento de conflito é a aptidão da qual líderes religiosos precisam com mais urgência. Isso ocorre porque a maior parte de nosso trabalho é feita com pessoas, e o conflito entre seres humanos é inevitável quando há muito tempo e muita exposição entre um e outro. Em alguns casos, podemos impedir que ocorra conflito fazendo uso dos atributos de QE que aprendemos neste livro. Por exemplo, podemos utilizar o autocontrole emocional para não perder a calma, a empatia para não alienar outras pessoas e a consciência organizacional para nos anteciparmos a desafios políticos. No entanto, nós (os autores) aprendemos com nossas diversas experiências que ainda assim pode irromper um conflito em organizações religiosas, apesar de nossos melhores esforços. Com o atributo chamado gerenciamento de conflito, líderes religiosos podem evitar que muitas dessas disputas fiquem ainda piores e, em muitos casos, desarmar totalmente o conflito.

Muitos dos líderes religiosos que entrevistamos expressaram que o gerenciamento de conflito é o atributo de QE mais difícil de dominar. Muitos explicaram que recebem pouco treinamento em gerenciamento de conflito como parte de sua educação formal. Para aumentar o problema, muitos de nós temos grande necessidade de que os outros gostem de nós, e isso inibe nossa motivação para abordar um conflito. Vários líderes religiosos presumem, equivocadamente, que não terão de lidar com um conflito porque as organizações religiosas são "famílias grandes e felizes", como se discute no capítulo 6. Felizmente, podemos desenvolver o componente de gerenciamento de conflito, de modo que trabalhar com conflitos não tenha de ser nem um pouco intimidante ou difícil.

O que é gerenciamento de conflito?

Um conflito ocorre quando duas partes discordam uma da outra, e quando para cada uma delas ter razão é mais importante do que qualquer outra coisa. Em organizações religiosas, o conflito pode ser um desacordo quanto a como as pessoas acham que deveriam ser alocados os recursos da congregação, quanto a uma mudança potencial na política ou nas normas, ou um embate entre personalidades que escala até atingir níveis lamentáveis. Em alguns casos, o conflito surge entre nossos colegas ou congregantes, e ficamos com a difícil tarefa de mediar entre os opositores. Outras vezes, envolve diretamente a nós, ao enfrentarmos o desafio de desarmar as frustrações que outros sentem em relação a nós.

Líderes religiosos em cenários não congregacionais também podem enfrentar conflitos. Capelães em hospitais, por exemplo, relatam que experimentam conflitos relacionados a diferenças teológicas entre eles e equipes do hospital ou outros capelães. Administradores escolares e professores que trabalham em cenários religiosos também experimentam conflitos relativos às expectativas de pais e estudantes, e quanto ao que sua instituição pode efetivamente prover quando há restrições orçamentárias, políticas ou de tempo. Capelães militares e em prisões também experimentam conflitos, especialmente com regulamentos e com a hierarquia da instituição. Além disso, conflitos relativos à alocação de recursos escassos são comuns em todos esses cenários.

O gerenciamento de conflito é um atributo que nos permite ouvir e compreender o ponto de vista de todas as partes de um desentendimento. Também nos ajuda a identificar e abordar respeitosamente um conflito com cada pessoa que ele envolve, de modo que não se tornem ressentidas ou passivas-agressivas. Finalmente, o gerenciamento de conflito nos ajuda a adotar uma perspectiva mais positiva do conflito em geral. Quando surge um conflito, podemos encará-lo como uma oportunidade de corrigir relacionamentos, ajudar pessoas a se recuperar, a crescer e demonstrar nossa liderança ao facilitarmos uma solução pacífica e produtiva.

Conflitos podem ser destrutivos para outras pessoas

Sem QE, o modo com que abordamos um conflito pode ser incrivelmente destrutivo para as pessoas a quem servimos. Um dos primeiros princípios que temos de lembrar quando surgem conflitos é a necessidade de consistentemente "dizer a verdade com amor" (Efésios 4:15a). Se não, vamos ferir emocionalmente as pessoas que discordarem de nós, sobretudo se não conseguirmos falar com humildade e suavidade. Podemos também minimizar o conflito se respondermos às pessoas com uma atitude gentil quando estão contrariadas ou com raiva. Como ensina o provérbio: "Uma resposta branda afasta a ira" (Provérbios 15:1). Lembre-se, estamos numa liderança religiosa para construir aqueles a quem servimos, não para derrubá-los com uma linguagem dura ou sem consideração.

É muito importante lembrar que nunca devemos invocar princípios divinos apenas para vencer numa disputa. Esse comportamento fica especialmente destrutivo se supusermos que alguém desapontou a Deus ou se sugerirmos que eles estão "alheios à vontade de Deus". Nunca devemos manipular aqueles a quem servimos com uma linguagem que lhes implique vergonha. Esse seria um uso grandemente equivocado do poder, e o dano psicológico causado por esse estilo de comunicação pode ser duradouro. Como escreveu Maya Angelou: "Aprendi que as pessoas esquecerão o que você disse, as pessoas esquecerão o que você fez, mas as pessoas nunca esquecerão o que você as fez sentir".[2] Lembre-se, nossa posição de liderança em relação às pessoas que servimos é de uma sagrada confiança, e temos de assumir essa honra com muita seriedade.

Felizmente, o atributo do gerenciamento de conflito pode ser combinado com outro traço de QE para limitar o dano feito a outros nos momentos espasmódicos do conflito. Por exemplo, podemos recorrer à autoconsciência emocional para questionar nossos próprios motivos e o nível de nosso envolvimento emocional durante um conflito. Poderíamos perguntar a nós mesmos: "Como minhas experiências anteriores ou meus traumas estão contribuindo para minha parte nesta disputa?". Por exemplo, poderíamos nos dar conta de que temos dificuldade para recuar num desentendimento porque não gostamos de nos sentir impotentes. Quando fazemos isso, podemos tomar consciência de nosso desconforto, agir com compaixão por nós mesmos e pelos outros, e aprender que podemos sobreviver ao sentimento de impotência que tivemos naquela situação. Mais tarde, podemos usar o que aprendemos da experiência em nosso processo em curso de aprofundar a autoconsciência para nos tornarmos mais maduros emocional e espiritualmente. Isso pode, afinal, fazer com que sejamos mais eficazes quando mais uma vez enfrentarmos um conflito.

A empatia também pode ser útil no trato com o conflito porque nos permite compreender o ponto de vista de quem está envolvido nele. Podemos antecipar como cada pessoa pode estar se sentindo e por que pode estar se sentindo de determinada maneira. Além disso, podemos usar o atributo do autocontrole emocional para reconhecer e gerenciar nossos sentimentos e encontrar soluções produtivas. Não fosse isso, poderíamos permitir que nossos sentimentos negativos se manifestassem no calor de uma discussão, e dizer coisas de que nos arrependeríamos depois.

Conflitos podem ser destrutivos para nossa organização

Conflitos não resolvidos podem ser destrutivos para organizações, assim é imperioso que os abordemos como líderes religiosos que somos. Por exemplo, um conflito que é tratado de modo inadequado pode levar à partida rancorosa de um membro de nossa organização. Numa escala maior, pode ocorrer uma cisão organizacional quando um conflito não é tratado com sucesso, e uma pessoa (ou família) pode decidir abandonar a organização e levar outros consigo. Lamentavelmente, algumas pessoas deixarão nossas organizações, mesmo quando fizermos todo o possível para resolver as questões que lhes dizem respeito. A história que se segue ilustra como pode ser difícil impedir que congregantes vão embora:

> Uma vez, um homem sofreu um naufrágio e foi parar numa ilha deserta. Ele era do tipo industrioso, que trabalha duro, por isso quando foi resgatado, 15 anos depois, tinha conseguido transformar a ilha num lugar cheio de estradas e edifícios. As pessoas que o resgataram ficaram pasmas com o que ele tinha realizado, e pediram para dar uma volta pela ilha. Ele concordou mais do que feliz.
> "A primeira construção à sua esquerda," começou, "é minha casa. Vocês verão que tenho uma propriedade confortável com três quartos, encanamento interno e um sistema de aspersores antifogo. Há também um galpão de depósito atrás, para todas as minhas ferramentas de jardinagem." O grupo do resgate ficou espantado. Era uma casa melhor do que algumas das suas, no continente.
> "Aquele prédio ali é a loja onde faço minhas compras de mercearia. Ao lado fica o meu banco e, no outro lado da rua, a academia em que me exercito."
> O grupo de resgate notou a existência de duas outras construções e perguntou o que eram. "A da esquerda é a igreja que frequento."
> "E a da direita?", perguntaram.
> "Ah, é a igreja que eu *costumava* frequentar."[3]

É bem desafiador dar atenção e cuidado a toda queixa que congregantes possam ter com relação à nossa organização religiosa e a nós. Contudo, com QE, podemos reduzir o número de pessoas que nos deixam devido a um conflito mal resolvido.

Conflitos podem ser destrutivos para nós

Como líderes religiosos, tendemos a deixar nossas próprias necessidades em último lugar, como discutido no capítulo 2. No entanto, podemos aprender a gerenciar conflitos de modo a não nos magoarmos desnecessariamente. Uma das principais maneiras para fazermos isso é estabelecer limites sadios para nós mesmos. Por exemplo, podemos ser resolutos quanto a como permitimos que outros falem conosco, seja nossa família ou nossa equipe. Devemos esperar ser tratados com respeito e uma cortesia usual. Estabelecemos esse padrão para conosco e o comunicamos aos outros. A alternativa a isso é nos permitirmos ser emocionalmente atingidos pelas pessoas sempre que estejam dispostas a nos tratar mal, e esse hábito não faz justiça às intenções de Deus em relação a nós. Não somos tão importantes aos olhos de Deus quanto as pessoas a quem servimos?

Podemos aprender também a nos proteger quando surge um conflito, mantendo cuidadosa documentação. Essa é uma prática que requer disciplina, mas vale o esforço extra. Toda vez que temos uma reunião ou uma conversa que envolve um conflito, precisamos fazer cuidadosas anotações, que incluem a data e a hora da conversa, a natureza do conflito, quem está envolvido, o que foi dito e como tratamos do problema. Enviar um e-mail a todos os participantes no conflito, que inclua as decisões tomadas, pode ajudar a esclarecer os resultados a todos os envolvidos. Pode servir também como um lembrete àqueles que talvez não se lembrem da situação da mesma maneira. A documentação também pode ser feita arquivando nossa correspondência de e-mails para futura referência. Deveríamos também alertar nosso superior imediato ou a junta diretora, de conflitos potenciais ou em curso, o mais rápido possível.

Quando relatamos a nossos superiores a ocorrência de conflitos, é importante exercer autocontrole e manter uma postura profissional. Para agir assim, devemos relatar no que consiste o conflito e quem está envolvido nele sem oferecer opiniões pessoais. Como líderes religiosos, temos de estabelecer um alto padrão em como lidar com conflitos e como comunicá-los. Transmitir apenas informações factuais deveria ser a norma, e não incluir comentários depreciativos ou humilhantes sobre quaisquer indivíduos ou grupos. Supervisores e juntas diretoras têm a responsabilidade de impedir que se compartilhem essas informações com quem não está envolvido, assim como temos a responsabilidade de evitar envolver outros de maneira imprópria. Também é importante atualizar a situação para nossos superiores em intervalos apropriados, e fazer recomendações quanto aos próximos passos. Essa abordagem, como um todo, permite que atuemos profissionalmente, mantém nossa credibilidade e demonstra que somos capazes de estar à altura quando enfrentamos circunstâncias difíceis.

Nossos conflitos internos

Muitos dos difíceis desafios interpessoais que enfrentamos como líderes religiosos originam-se em nossos conflitos internos. Por exemplo, nosso ego pode se inflamar durante uma discussão. Há ocasiões em nossas vidas em que o ego surge como um tirano que tem de ser satisfeito, como discutimos no capítulo 2. Isso pode ocorrer sobretudo quando estamos vulneráveis, por causa de doença, quando enfrentamos problemas em nossas famílias, ou em épocas de transições difíceis. Exemplos de transições desafiadoras na vida incluem a mudança para um novo cenário, passar por grande mudança em nosso sistema de apoio, experimentar uma reviravolta em nossas ideologias e na percepção de um propósito, estar diante da aposentadoria e considerar nossa própria mortalidade.

Em situações nas quais estamos mais suscetíveis aos ditames de nosso ego, vencer numa discussão pode parecer mais importante do que preservar um relacionamento. Isso pode levar a uma infeliz escalada no conflito e a desnecessária perda de um congregante, de um membro da equipe, de um colega ou amigo. Em contraste, quando nos mantemos emocionalmente autoconscientes em meio a um conflito, somos capazes de examinar nossa atitude e nossas respostas enquanto mantemos uma postura gentil e humilde.

Sem QE, nossas dúvidas e medos interiores podem provocar níveis não sadios e inadministráveis de conflito interior. Por exemplo, podemos assumir a pior das opiniões sobre os motivos das pessoas ao discordarem de nós. Quando damos espaço a essas ansiedades, somos capazes de começar a acreditar que as pessoas estão conspirando para nosso fracasso. Isso pode levar a relacionamentos estressantes e a quebra de confiança. Portanto, supor o pior sobre as motivações das pessoas pode levar a uma infeliz profecia que se autorrealiza.

Nunca devemos permitir que nossas suspeitas tendenciosas governem nossos pensamentos ou dominem nossos corações. Isso também se aplica a inseguranças pessoais que às vezes abrigamos, que podem anuviar gravemente nossa avaliação em relação ao que os outros pensam de nós. A realidade é que a maioria das pessoas não pensa em nós tanto quanto achamos que pensam. Infelizmente, a confiança que as pessoas depositam em nossa liderança pode se erodir quando projetamos a imagem de uma personalidade insegura e carente. Por fim, podemos ajudar a nós mesmos, imensamente, não nos preocupando se os outros gostam ou não gostam de nós. Lembre-se: "O que os outros pensam de nós não é de nossa conta".[4]

Outra maneira de intensificarmos um conflito é nos permitindo ficar amargurados, o que é fácil quando nos sentimos magoados ou traídos. Para ilustrar esse ponto, imagine que cada um de nós tem uma balança de equilíbrio interior que representa nosso senso de justiça. Quando alguém nos magoa, nossa balança é atingida e se desequilibra. Como resultado, tentamos equilibrar a balança e fazer justiça trancando, em nosso coração, essa pessoa "na prisão". Esse fenômeno é comumente conhecido como manter um ressentimento, ou rancor, e é uma atitude extremamente insalubre. Com diz o ditado: "Ter ressentimento é como tomar um veneno e esperar que outra pessoa morra".[5] Infelizmente, nunca vamos sarar enquanto mantivermos rancor, e o relacionamento com aquela pessoa tampouco vai melhorar. Se não perdoarmos, estaremos sempre em conflito com aquela pessoa, porque nosso coração vai projetar isso inconscientemente. Como escreveu Donald Miller:

> Quando estou falando com alguém, há sempre duas conversas acontecendo. A primeira é na superfície; sobre política ou música ou o que quer que saia de nossa boca. A outra é debaixo da superfície, no nível do coração, e meu coração está comunicando que eu gosto, ou não gosto, da pessoa com quem estou falando. Deus quer que as duas conversas sejam verdadeiras.[6]

Lembre-se, Deus espera que relevemos nosso julgamento dos outros não apenas quando eles se desculpam: "Sejam gentis e piedosos um com o outro, perdoem um ao outro, assim como em Cristo, Deus perdoa você" (Efésios 4:32).

O gerenciamento de conflitos é necessário

Como um conflito pode ser destrutivo, temos de gerenciá-lo de maneira adequada. Primeiro, temos de nos dar conta de que conflitos frequentemente pioram, a menos que o problema seja tratado com eficácia. Como disse um líder religioso: "Eu encaro as coisas. Não permito que as coisas fiquem como estão. Algumas pessoas viram o rosto e esperam que tudo passe, e nunca irá passar. Você tem de encarar as coisas".[7] Outro líder religioso explicou como encara desacordos de frente, ouve os pontos de vista de todas as partes e redireciona a energia negativa do conflito para um propósito útil:

> Não é caso de ter medo de conflitos e de uma tensão saudável. É direcioná-los de modo que sejam efetivamente úteis. É mais como: "Ajude-me a compreender por que você está sentindo o que está sentindo, e pensando do modo como está pensando, e respondendo da maneira que está respondendo, porque eu creio que você está vendo alguma coisa que eu não estou vendo. Assim, ajude-me a compreender".[8]

Líderes religiosos e espirituais têm um papel especialmente importante num conflito. Como tal, somos professores e orientadores. Quer sejamos líderes de organizações religiosas, capelães, orientadores espirituais, conselheiros ou líderes de agências de assistência social, nosso encargo é o mesmo: sermos agentes de cura, paz, amor, graça, compaixão e esperança. Não podemos atender totalmente a nosso chamado se não aprendermos a gerenciar conflitos de maneiras sadias e produtivas.

Conflito cria oportunidades

Quando ocorre um conflito, temos uma importante oportunidade para clarear o ambiente entre todas as partes, inclusive quando a disputa nos envolve. Se esse processo é bem-sucedido, pode até salvar relacionamentos, porque todos terão podido se comunicar e se fazer ouvir. Depois disso, pode-se construir confiança, porque todos os indivíduos foram honestos enquanto se sentiam respeitados. Finalmente, podemos aprender a discordar uns dos outros sem que nossas diferenças levem a ressentimento. Na verdade, conflitos bem administrados podem fortalecer relacionamentos. Por exemplo, uma líder religiosa descreveu como aprendeu a brigar de maneira justa e equitativa com um colega: "Gosto de dizer que brigamos bem. Na realidade, curtimos isso. Fazemos isso, e então, depois, um de nós enfia a cabeça no gabinete do outro e pergunta: 'Estamos bem?'. E o outro responde: 'Sim, estamos bem'.".

Um conflito pode oferecer também uma oportunidade para ajudarmos *outros* a crescer. Considere o exemplo oferecido por Jesus e sua liderança. Ele foi um líder incentivador, mas também admoestava pessoas quando necessário. Jesus não tentava manter harmonia a todo custo; compreendia que confrontos são inevitáveis se quisermos ajudar pessoas a serem indivíduos mais sadios e fortes. Como líderes religiosos, é importante que aprendamos do exemplo de Jesus e não tenhamos medo de desafiar atitudes ou comportamentos não sadios quando a situação o exigir. Para liderar de maneira adequada temos de saber quando o rigor e o confronto são a melhor maneira de atingir as pessoas e instigar seu crescimento pessoal. Como escreveu o humorista Peter Dunne no início do século xx, devemos querer "confortar os aflitos e afligir os confortáveis".[9]

Um conflito cria também uma oportunidade para o crescimento de *nossa organização*. Como líderes religiosos, devemos utilizar todos os recursos que nos estão disponíveis, inclusive várias ideias de outras pessoas. Por exemplo, podemos solicitar a colaboração de outros quando desenvolvemos iniciativas, mesmo que essas ideias estejam em desacordo com as nossas. O gerenciamento de conflito permite que sintetizemos ideias diferentes num plano criativo que ajude nossas organizações. Vai ajudar-nos também a sermos diplomáticos sempre que a opinião de alguém não for incorporada ao plano. Um gerenciamento de conflito eficaz oferece oportunidade para uma rica colaboração que, sem isso, nossa organização não teria experimentado.

Finalmente, não somos capazes de crescer como *indivíduos* se não houver conflitos. O conflito nos obriga a considerar diferentes perspectivas e a nos empurrar para níveis mais elevados de maturidade. Considere o exemplo de uma borboleta e de como ela sai do casulo; é essa difícil luta que dá força a suas asas. Da mesma forma, pessoas que assumem conflitos ficam mais fortes emocional e espiritualmente. Quando gerenciamos conflito, aprendemos muita coisa sobre nós mesmos e sobre como lidar com situações interpessoais incômodas e difíceis.

Sugestões práticas para gerenciar conflitos

Um conflito deve ser gerenciado corretamente para minimizar os danos causados a nós, a outros e às nossas organizações. Podemos também encarar um conflito como uma oportunidade para levar outros à reconciliação, à cura e ao crescimento. O que se segue são algumas sugestões práticas que podemos utilizar para facilitar uma solução bem-sucedida de um conflito:

→ Quando alguém o procura com uma preocupação, ou sentindo-se ofendido, nunca minimize os sentimentos dessa pessoa. Os sentimentos de todos são honestos e reais.

→ Ouça com empatia as preocupações da pessoa e assegure-se de que está compreendendo o que ela lhe diz (veja o capítulo 5). Assegure-se de que a pessoa percebe que você a está ouvindo.

→ Pergunte a si mesmo se existe uma solução simples para aquela preocupação. Caso exista, ofereça uma solução à pessoa e pergunte se sua ideia parece apropriada.

→ Se a pessoa deseja uma solução complicada (se envolve outras pessoas que ocupam posições na organização, se contradiz a política, se vai contra programas atuais, se é muito cara, por exemplo), comunique-lhe os vários desafios de modo que o custo do que a pessoa está sugerindo seja compreendido.

→ Se a pessoa não oferece opções que possam resolver o que a preocupa, peça a ela que ajude a encontrar uma solução razoável. Isso pode empoderá-la a trabalhar para uma solução justa do problema.

→ Se um conflito dentro da organização chegar a sua atenção por via indireta, investigue a questão, avalie o risco que ela apresenta e crie um plano para intervir como necessário.

→ Quando o conflito envolve sentimentos de mágoa entre as duas partes, tente reuni-las para amenizar o ambiente. Esse encontro deve ser em tom respeitoso o tempo todo.

→ Incentive ambas as partes a ouvir e compreender o ponto de vista uma da outra, a perdoar uma a outra, e chegue a um acordo de compromisso que satisfaça as duas sempre que possível. Se a ofensa diz respeito a você, faça o melhor que puder para se desculpar humildemente e fazer correções (Mateus 5:24).

→ Se alguém magoou *você*, peça para falar com essa pessoa em particular e diga-lhe como se sente. Não envolva mais ninguém no conflito enquanto não esgotar todos os esforços para se reconciliar diretamente com quem o magoou (Mateus 18:15).

→ Se o conflito se estendeu a outras pessoas que não estão envolvidas na ofensa original, tente resolver a questão com as partes originais e depois trabalhe para fora em círculos concêntricos, como discutido no capítulo 7. Como disse um líder religioso: "Você tem de vencê-los um de cada vez".

→ No decorrer do processo, esforce-se por conservar seu coração livre de amargura e tente manter uma atitude de compaixão, paciência e bondade.

→ Mantenha limites sadios para você mesmo e cada pessoa envolvida no conflito.

→ Lembre-se de que nem todo conflito pode ser resolvido, mesmo se administrarmos a questão diligentemente e nos conduzirmos com humildade.

Conclusão

Gerenciar conflitos em nossas organizações religiosas pode parecer uma tarefa assustadora e ingrata. No entanto, um conflito pode criar oportunidades únicas para crescer, as quais poderemos reconhecer e apreciar se desenvolvermos inteligência emocional. Também pode nos oferecer uma plataforma para demonstrarmos nossa liderança, promovendo recuperação e reconciliação entre aqueles a quem servimos. Um conflito também permite que aprendamos mais sobre nós mesmos e como podemos interagir melhor com outros. É importante lembrar que conflitos, quando não os enfrentamos e lidamos mal com eles, podem magoar indivíduos, erodir relacionamentos, e, por fim, causar danos a organizações. Com QE podemos gerenciar conflitos com aptidão e confiança, logo que eles surgem. Como escreveu Thomas Paine: "Quanto mais difícil o conflito, mais glorioso o triunfo".[10] Para líderes religiosos, esse triunfo gera uma cura emocional e espiritual nas comunidades que servimos e em nós mesmos.

9

Espiritualidade do líder religioso emocionalmente inteligente

A vida espiritual não é uma vida antes, depois ou além de nossa existência cotidiana. Não, a vida espiritual só pode ser real quando é vivida em meio às dores e às alegrias do aqui e agora. Portanto, precisamos começar com um olhar cuidadoso ao modo como pensamos, falamos, sentimos e agimos a cada hora, a cada dia, a cada semana, e a cada ano, para podermos nos tornar mais totalmente conscientes de nossa fome por [Deus].
HENRI NOUWEN[1]

Em capítulos anteriores descrevemos seis traços da inteligência emocional e o orientamos através de um exame de seu próprio crescimento como líder religioso emocionalmente inteligente. Ligamos esses traços progressivamente para que você se torne cada vez mais eficaz em seu trabalho. Em alguns dos capítulos, fomos além da liderança religiosa e nos referimos à liderança espiritual, a fim de prepará-lo para este capítulo. Nossas emoções estão conectadas com nossa espiritualidade, e assim seria inadequado ignorarmos nosso eu espiritual quando o orientamos em seu desenvolvimento total.

Embora este livro se concentre na inteligência emocional, nosso desenvolvimento como seres humanos não acontece apenas em nossas emoções. Como humanos, somos seres físicos, intelectuais, emocionais *e* espirituais. "Espiritualidade é um modo de vida que afeta e inclui cada momento da existência. É ao mesmo tempo uma atitude contemplativa, uma disposição para uma vida em profundidade, e a busca de significado, direção e pertinência definitivos."[2] Como líderes religiosos, temos a responsabilidade de vivenciar nossa espiritualidade pelos modos como nos comunicamos e comportamos. Com foco e prática, podemos fazer isso de um modo emocionalmente inteligente.

Inteligência emocional e espiritualidade

Cada um dos atributos de QE de que tratamos neste livro tem uma aplicação espiritual. Por exemplo, à medida que nos aprofundamos em nossa autoconsciência emocional (capítulos 2 e 3), libertamo-nos da servidão de precisar manter a fachada de um "falso eu". Ao fazer isso, nos tornamos, com nossas imperfeições humanas, mais aceitáveis para nós mesmos. Começamos também a acatar profundamente o amor e a graça que Deus nos oferece livremente, e a substituir nossos sentimentos de autocondenação e vergonha por compaixão por nós mesmos. Uma vez que isso aconteça, nosso relacionamento com Deus pode florescer.

Emocionalmente mais autoconscientes, ficamos também mais perceptivos nas vezes em que agimos emocionalmente e reagimos de modo exagerado a certas situações. Nossa espiritualidade não tem a ver somente com nosso relacionamento com Deus; depende também de como tratamos os outros. Deus espera que amemos uns os outros; isso é parte de nosso pacto espiritual; pois "aqueles que não amam um irmão ou uma irmã, que eles veem, não são capazes de amar a Deus, que eles não veem" (1 João 4:20b). Assim, ao fortalecermos nosso autocontrole emocional (capítulo 4), podemos ficar menos à mercê de emoções intensamente negativas que são destrutivas para nossos relacionamentos. Por sua vez, melhorar nossos relacionamentos libera nossas energias de modo a podermos nos focar mais em atividades e práticas por meio das quais somos capazes de crescer espiritualmente. Mais uma vez, nosso crescimento espiritual ocorre num ciclo cada vez mais profundo, que pode afetar de modo positivo cada aspecto de nossas vidas.

Quando compreendemos como nossas reações emocionais afetam os outros, podemos nos conectar melhor com eles. Passamos então a entender seus esforços e a adotar o atributo da empatia, como discutido no capítulo 5. Uma vez tendo acontecido isso, podemos compreender a magnitude da graça divina e lembrar a multiplicidade de maneiras com que Deus nos ama e nos perdoa. Quando experimentamos essa conexão mais fortemente, não conseguimos deixar de nos tornar mais empáticos e mais naturalmente capazes de responder aos outros com amor e compaixão. Uma vez tendo aprendido a ter empatia com os outros, podemos expandir nossa percepção para um âmbito mais amplo da consciência organizacional (capítulo 6). Conseguimos então nos dar conta do efeito espiritual que temos em nossa organização e do efeito que as pessoas em nossa organização têm sobre nós. "Na verdade, o corpo não consiste em um só membro, mas em muitos" (1 Coríntios 12:14). Como escreveu o papa Francisco:

> O ato de amar os outros é uma força espiritual que nos leva à união com Deus... Quando vivenciamos uma espiritualidade, ao nos aproximarmos de outros e cuidarmos de seu bem-estar, nossos corações se abrem amplamente para as maiores e mais belas dádivas do Senhor. Sempre que encontramos outra pessoa com amor, aprendemos algo novo sobre Deus. Sempre que nossos olhos se abrem para tomar consciência do outro, crescemos na luz da fé e do reconhecimento de Deus.[3]

Além do mais, podemos exercer uma influência positiva em nossa organização se consciente e continuamente vivermos uma vida espiritual. Se apenas falarmos sobre espiritualidade, mas ninguém vir qualquer evidência dela, nossa liderança pode ser prejudicada por essa nossa inautenticidade. Como podemos ensinar o que de fato não compreendemos e demonstramos? Não podemos. Como dissemos ao compartilhar o atributo da influência, no capítulo 7, podemos comunicar nossa paixão e nossa visão tanto verbalmente quanto não verbalmente. Muitas vezes podemos influenciar outros mais por meio de nossa própria espiritualidade do que de nossa retórica religiosa. Se nos sentimos incomodados em compartilhar nossa espiritualidade pessoal com outros, uma boa maneira de seguir adiante pode ser compartilhar esse incômodo e convidá-los a se juntar a nós para explorarmos juntos a espiritualidade. Quão reconfortante pode ser a constatação de que o líder não sabe tudo!

Encerramos o capítulo 8 nos referindo à cura espiritual que pode ocorrer em nós mesmos e nos outros quando administramos um conflito de uma maneira positiva. Podemos aprender muita coisa sobre Deus em épocas de conflito se mantivermos a mente e o coração abertos. No fim, um conflito cria uma oportunidade para desafiar nossas percepções e para Deus nos ensinar novos caminhos. Esse processo pode levar a uma notável experiência de cura espiritual, porque não estaremos mais atolados em perspectivas que já foram superadas.

Maturidade espiritual

Muito de nosso trabalho como líderes religiosos requer não somente maturidade emocional, mas também maturidade espiritual. Infelizmente, como mencionado em outros capítulos, acontece com demasiada frequência ficarmos tão envolvidos em deveres da liderança religiosa que negligenciamos nossa espiritualidade. Ao fazer isso, estamos negligenciando nossa conexão sagrada com Deus e nosso crescimento cessa. Se quisermos continuar a crescer, teremos de fazer isso intencionalmente. Se não, nossa espiritualidade pode diminuir, mesmo enquanto fazemos o "trabalho de Deus". Peter Scazzero explicou esse problema como "fazendo por Deus" e não "estando com Deus".[4]

Para adquirir maturidade espiritual, temos de achar um modo de pôr de lado o caos que enfrentamos como líderes religiosos. Para fazer isso, temos de buscar isolamento para podermos nos focar em nosso relacionamento com Deus. É nesses momentos tranquilos que somos levados "às profundezas de nosso ser, onde ficamos frente a frente com nós mesmos, com nossas fraquezas e com o supremo mistério [de Deus]."[5] Portanto, quando optamos por passar algum tempo com Deus, criamos um momento poderoso no qual podemos crescer e amadurecer.

Prática espiritual

Você talvez se pergunte como vai conseguir sempre realizar alguma coisa se tiver de passar tanto tempo sozinho com Deus. Nós, como autores, compreendemos que seu papel como líder religioso é cheio de atividade e responsabilidades, e sua agenda não permite que haja longos intervalos de devoção espiritual ininterrupta. A chave é dedicar consistentemente um tempo para estar sozinho com Deus, sem negligenciar seus deveres de liderança. No capítulo 3, discutimos vários métodos práticos de aumentar nossa autoconsciência emocional, como meditação, oração contemplativa e manutenção de um diário. Isso também pode ser usado para desenvolver a espiritualidade em meio à nossa vida agitada.

O equilíbrio entre os atos de ouvir a Deus e servir aos outros é possível se nos mantivermos diligentes e intencionalmente na busca de uma vida e uma prática espiritual bem balanceadas. A prática espiritual pode assumir muitas formas, e é importante que você descubra métodos que funcionem com seu temperamento, seu estilo de vida e as exigências de seu cotidiano em seu trabalho e em sua família. Aqui estão algumas ideias de como se concentrar em sua prática espiritual, ideias que você talvez não tenha considerado:

→ Tente verbalizar uma frase, uma saudação ou uma bênção espiritual para uma pessoa estranha. É espantoso como esse pequeno ato pode acarretar um despertar espiritual. Requer que você assuma um risco e compartilhe sua espiritualidade de uma nova maneira. Use uma frase tradicional que você conheça, pesquise uma nova frase ou crie a sua própria.

→ Saia de seu gabinete ou local de trabalho e dê uma volta, de preferência ao ar livre. Assegure-se de adotar uma postura que demonstre que você não está "acessível para negócios", baixando o olhar e se concentrando em seu caminhar. Algumas pessoas gostam de contar os passos, enquanto outras preferem se focar numa determinada palavra ou expressão que suscite inspiração ou conforto.

→ Se houver algum disponível, caminhe num labirinto. Algumas igrejas e hospitais têm investido para criar um em seus terrenos, como espaço para caminhadas e meditação. O que este método tem de melhor é que todos conhecem as regras: "Você não fala quando caminha num labirinto".

→ Adquira ou crie um labirinto de mesa. Feche a porta de seu gabinete (com uma placa de "não perturbe") e reserve pelo menos cinco minutos para "caminhar" com o dedo no labirinto, acompanhando-o com os olhos. Talvez queira repetir silenciosamente uma palavra ou expressão, se não conseguir esvaziar a mente.

→ Sempre que puder, pare tudo, feche os olhos por um momento, e inspire e expire lentamente pelo menos cinco vezes. Segure cada inspiração e cada expiração e conte até cinco. A cada ciclo pense: "Inspirando ar puro; expirando todas as minhas preocupações". Você pode inventar qualquer outra frase que lhe convenha no momento.

→ Dedique algum tempo para praticar *lectio divina*. É um método ensinado em muitos seminários, segundo o qual você lê uma passagem espiritual em voz alta, faz uma pausa silenciosa e lê em voz alta novamente. Note qual palavra ou frase chama sua atenção, faça mais uma pausa e leia mais uma vez. No fim da leitura, medite ou ore com aquela palavra ou frase destacada em sua mente. Este método também se presta a ser praticado em grupo.

→ Recolha-se a um retiro silencioso por pelo menos um dia, de preferência num cenário natural. Alguns podem ser reservados por um fim de semana, outros, para uma semana inteira. Assegure-se de que haja líderes que possam orientá-lo e dar-lhe apoio se o silêncio provocar questões emocionais. Este é um método espiritual avançado, por isso recomendamos que adquira alguma experiência, como um silêncio prolongado antes de se recolher em um retiro.

Com criatividade e um pouco de pesquisa, você poderá descobrir muitas outras maneiras de se concentrar em sua espiritualidade.

Conclusão

Nós pedimos a você que tome consciência de sua conexão com Deus, que adote uma prática espiritual e que considere como os seis atributos de QE estão conectados com sua maturidade espiritual. A maturidade espiritual proporciona a aptidão para ser resiliente e adaptável quando você enfrenta os desafios de seu trabalho. Em contraste, a maturidade espiritual o firma nos fundamentos de sua missão de servir a Deus. O crescimento espiritual é uma jornada pessoal que transcende seu papel na liderança religiosa e continua durante toda a sua vida. Oramos para que seu caminho o leve cada vez mais próximo de Deus.

10

Conclusão

Ao lidar com pessoas, lembre-se que você não está lidando com criaturas de lógica, mas com criaturas de emoção.
DALE CARNEGIE[1]

A inteligência emocional tem um efeito positivo em nosso crescimento individual ou em relacionamentos interpessoais, e na eficácia de nossa liderança religiosa. Sem ela, somos deixados com a carga de liderar outras pessoas através de circunstâncias difíceis, às vezes traumáticas, sem um sortimento completo de recursos emocionais e espirituais. Além de nossos desafios de liderança, há o fato de que trabalhamos com pessoas num contexto sagrado, o que aumenta os riscos emocionais e espirituais que se apresentam aos outros e a nós mesmos. Muitos líderes religiosos descobriram que seu treinamento em teologia por si só não os preparou o bastante para os rigores de sua tarefa. Este livro tratou dos atributos de QE, autoconsciência emocional, autocontrole emocional, empatia, consciência organizacional, influência e gerenciamento de conflito. Mais especificamente, discutimos como esses traços podem ser desenvolvidos para melhorar sua resiliência profissional e sua espiritualidade pessoal. Isso pode ajudá-lo a se dar conta de seu enorme potencial como líder religioso e espiritual.

O atributo da autoconsciência emocional é fundamental para o resto do desenvolvimento de QE. Sem ele, não seremos capazes de abraçar a humildade de que precisamos para crescer como indivíduos. Como líderes religiosos, frequentemente enfrentamos lutas com nosso ego e nosso perfeccionismo, o que pode ser danoso se não for reconhecido e abordado. A autoconsciência emocional pode nos ajudar a aprender quais são nossas forças e fraquezas, e como usar esse conhecimento para incrementar e melhorar nossos esforços de liderança. Quando desenvolvemos uma autoconsciência maior, uma parte menor de nossa vida será vivida no "piloto automático", e mais dela poderá ser experimentada com uma aptidão para fazer escolhas melhores para nós mesmos. A jornada vitalícia de uma autoconsciência emocional requer uma imensa coragem ao enfrentarmos nossa própria sombra, tendo em mente que seremos líderes mais fortes e eficazes como resultado desse processo. É importante lembrar que, com maior autoconsciência, inevitavelmente descobriremos que muito mais escolhas nos estão disponíveis do que tínhamos imaginado.

O atributo do autocontrole emocional também é importante. Precisamos, antes de agir, examinar nossas respostas emocionais e o efeito que exercemos sobre os outros. Ao mesmo tempo, devemos tomar consciência de que as emoções são muito poderosas e precisam ser expressadas. Também têm de ser processadas de maneira sadia. Esse equilíbrio pode nos ser especialmente desafiador como líderes religiosos, porque trabalhamos com pessoas, e nossas interações com elas podem evocar em nós fortes sentimentos. Mediante o autocontrole emocional, podemos também aprender a nos proteger e aumentar nossa satisfação com o trabalho. Podemos fazer isso estabelecendo limites emocionais, praticando um cuidado consistente conosco e reconhecendo nossos gatilhos emocionais.

Seguindo mais além de nós mesmos, precisamos ter o atributo da empatia pelos outros e reprimir nossa tendência a julgar ou condenar aqueles com quem nos deparamos. Caso contrário estaremos exacerbando profundos sentimentos de vergonha que assolam tantos indivíduos. Podemos obter a empatia dos outros aprendendo a ouvir com atenção o que dizem e o que os preocupa, para que sintam que foram ouvidos. Ao agir movidos por compaixão pelos outros, podemos ser agentes de esperança e cura quando eles mais precisam. Também devemos ter o cuidado de não entrarmos numa fadiga de compaixão e de nos manter conscientes de que nossa família também precisa de nossa empatia.

Da mesma forma, temos de ouvir os outros e compreender seu ponto de vista. Para isso, o desenvolvimento da consciência organizacional pode nos ajudar. O estado emocional de uma organização pode ter um grande impacto em nossa liderança como um todo. É essencial encarar nossa organização como um sistema, considerar o contexto político e compreender as agendas dos que nela detêm posições chave. Ao fazer isso, seremos capazes de desenvolver estratégias eficazes para motivar os outros, enfrentar desafios e minimizar conflitos. No todo, quanto mais compreendermos dinâmica de grupo e como ela se aplica em nossa organização, mais bem-sucedida será nossa liderança religiosa.

Temos de exercer influência em nossa organização. Dar um bom exemplo e permanecer autênticos são excelentes primeiros passos para criar confiança em nossa liderança. Também podemos exercer influência compartilhando uma visão convincente e nos comunicando a partir do coração. Nossa influência pode ser exercida tanto de modo positivo quanto negativo. Idealmente, vamos exercer uma liderança transformacional e ajudar pessoas a alcançar resultados notáveis para elas e para nossas organizações. Podemos também maximizar nossas oportunidades de liderança nos comunicando de modo efetivo e estratégico. No todo, devemos lembrar que a influência é um dos atributos chave que definem uma liderança.

O mais importante, talvez, seja o imperativo de utilizarmos o atributo de gerenciamento de conflito. Se ignorado ou mal trabalhado, um conflito pode ser muito destrutivo para outras pessoas, nossas organizações e nós mesmos. Além disso, se não abordamos nossas lutas interiores, elas podem intensificar nossos conflitos interpessoais. No entanto, um conflito pode suscitar surpreendente oportunidade para crescimento e cura. Para que isso se realize, temos de enfrentar cada conflito com coragem e confiança, sabendo que somos capazes de crescer a partir de qualquer situação difícil.

O desenvolvimento de aptidões de QE não é um processo fácil, porque requer que enfrentemos nosso eu interior ao mesmo tempo que mudamos nossas interações exteriores. De muitas maneiras, podemos ser um mistério para nós mesmos tanto quanto Deus é um mistério para nós. Nosso crescimento é fomentado, em parte, ao vivermos experiências interpessoais profundamente desafiadoras e experiências de grupo. É o sofrimento nesses encontros que pode nos motivar a sermos melhores e mudar nosso comportamento em relação aos outros. Para líderes religiosos, é essencial estar em contínuo crescimento – ressaltar a importância desse processo nunca será exagero. Nos capítulos anteriores fornecemos muitas ferramentas que podem ajudá-lo nessa jornada.

Você optou por se recriar de modo admirável ao se tornar um líder religioso emocionalmente inteligente. Com esta sua recém-descobertas aptidão e sabedoria, você tem o poder de transformar sua liderança e o efeito positivo que tem em seu ministério. Deus o abençoe em seu serviço para com os outros.

Notas

1 Introdução

1 Andrew Coleman, *A Dictionary of Psychology*, 3ª ed., (Oxford University Press, 2008).

2 N. G. Naidu, "Emotional Intelligence in Leadership", *International Journal of Entrepeneurs and Business Environmente Perspectives* 3, nº 1 (2012): 727-30.

3 B. Wall, "Being Smart Only Takes You So Far", *Training and Development* 61, nº 1 (2007): 64-65.

4 Daniel Goleman, *Emotional Intelligence: Why It Can Matter More Than* IQ (Nova York, Bantam Books, 1995).

5 J. L. Spencer, B. E. Winston e M. C. Bocarnea, "Predicting the Level of Pastors" Risk of Termination/Exit from the Church", *Pastoral Psychology* 61, nº 1 (2012): 85-98.

6 Wayne Cordeiro, *Leading on Empty: Refilling Your Tank and Renewing Your Passion* (Minneapolis, MN, Bethany House, 2010), 48-49.

7 B. F. Batool, "Emotional Intelligence and Effective Leadership", *Journal of Business Studies Quarterly* 4, nº 3 (2013), 84-94.

8 R. E. Boyatzis, T. Brizz e L. N. Godwin, "The Effect of Religious Leaders Emotional and Social Competencies on Improving Parish Vibrancy", *Journal of Leadership and Organizational Studies* 18, nº 2 (2011), 192-206, <https://doi.org/10.1177/1548051810369676>.

9 Martin Buber, *I and Thou*, trad. Walter Kaufmann (Nova York: Charles Scribner's Sons, 1970), 57.

10 Roy M. Oswald, "Emotional Intelligence and Congregational Leadership", *Reflective Practice: Formation and Supervision in Ministry* 36 (2016): 102.

11 Roy M. Oswald e Arland Jacobson, *The Emotional Intelligence of Jesus* (Lahham, MD: Rowman and [stet ampersands throughout] Littlefield, 2015), 136.

12 Larry Crab, *Understanding Who You Are: What Your Relationships Tell You about Yourself* (Colorado Springs, CO: NavPress, 1997), 24-25.

13 R. W. Lamothe, "Types of Faith and Emotional Intelligence", *Pastoral Psychology* 59, nº 3 (2010): 331-44, <https://link.springer.com/article/10.1007/s11089-009-0229-3>.

14 Roy M. Oswald, "Emotional Intelligence and Congregational Leadership", *Reflective Practice: Formation and Supervision in Ministry* 36 (2016): 109.

15 John Lee West, "An Analysis of Emotional Intelligence Training and Pastoral Job Satisfaction", *Journal of Pastoral Care and Counseling* 70, n° 4 (2016), 228-43.

16 Daniel Goleman, Richard Boyatzis e Annie McKee, *Primal Leadership: Learning to Lead with Emotional Intelligence* (Boston, MA: Harvard Business Press, 2013), 79-161.

2 Autoconsciência emocional como fundamento

1 Richard Rohr, *Things Hidden: Scripture as Spirituality* (Cincinnati, OH Franciscan Media, 2008), 75-76.

2 Daniel Goleman, Richard Boyatzis e Annie McKee, *Primal Leadership: Learning to Lead with Emotional Intelligence* (Boston: Harvard Business Press, 2013).

3 Roy Oswald e Arland Jacobson, *The Emotional Intelligence of Jesus* (Lahnam, MD: Rowman and Littefiled, 2015).

4 Sun Tzu, *The Art of War* (Boulder, CO: Shambhala Publications, 2005).

5 Brenda Cooper, *Magical Realism in West African Fiction* (Londres: Routledge, 2012).

6 Goleman, Boyatzis e McKee, *Primal Leadership: Learning to Lead with Emotional Intelligence*, 39.

7 D. Prime e A. Begg, *On Being a Pastor: Understanding Our Calling and Work* (Chicago: Moody Publishers, 2006), 18-22.

8 Elisabeth Elliott, *Through Gates of Splendor: The Event that Shocked the World, Changed a People, and Inspired a Nation* (Peabody, MA: Hendrickson Publishers, 2010), 17.

9 H. B. London e N. B. Wiseman, *Pastors at Greater Risk* (Ventura, CA: Gospel Light Publications, 2003), 2-52.

10 "The Incredibles", IMDB, <http://www.imdb.com/title/tt0317705/quotes>.

11 G. L. McIntosh e D. Samuel Sr., *Overcoming the Dark Side or Leadership: The Paradox of Personal Dysfunction* (Grand Rapids, MI: Baker Books, 2007), 25-80.

12 F. N. Watts, R. Nye e S. B. Savage, *Psychology for Christian Ministry* (Londres: Psychology Press, 2002), 296-97.

13 Richard Rohr, Center for Action and Contemplation, <https://cac.org/ego-the-actor-2016-07-12/>.

14 S. Horvath e C. C. Morf, "Narcissistic Defensiveness: Hypervigilance and Avoidance of Worthlessness", *Journal of Experimental Social Psychology* 45, nº 6 (2009): 1252-58.

15 Richard Rohr, *Things Hidden: Scripture as Spirituality* (Cincinnati, OH: Franciscan Media, 2008).

16 Movie Quotes and More, <http://moviequotesandmore.com/creed-best-movie-quotes/>.

17 Thomas Merton quote, <https://www.goodreads.com/quotes/3351865-pride-makes-us-artificial-humility-makes-us-real>.

18 Gautama Buddha, *The Dhammapada: The Buddha's Path of Wisdom*, trad. Acharya Buddharaakkhita (Lismore, Austrália: Dharma Education Association Inc., 1998).

19 N. Pembroke, "Pastoral care or Shame-based Perfecctionism?" *Pastoral Psychology* 61, nº 2 (2012): 245-58.

20 John Elredge, *Wild at Heart: Discovering the Secret of a Man's Soul* (Nova York: Harper Collins, 2011), 149.

21 Jonathan Kelleman, *Over the Edge* (Nova York: Ballantine Books, 1987), 40.

22 John Lee West, "An Analysis of Emotional Intelligence Training and Pastoral Job Satisfaction", *Journal of Pastoral Care and Counselling* 70, nº 4 (2016): 228-43.

23 Robert McCammon, *Freedom of the Mask* (Burton, MI: Subterranean Press, 2015), 55.

24 David G. Benner, "Perfection and the Harmonics of Wholeness", "Perfection", *Oneing* 4, nº I (CAC: 2016): 61-63. Este artigo foi adaptado de David G. Benner, *Human Being and Becoming* (Ada, MI: Brazos Press, 2016).

25 Donald Miller, *Blue Like Jazz* (Nashville: Thomas Nelson, 2003), 220.

26 R. A. Johnson, *Owning Your Own Shadow: Understanding the Dark Side of the Psyche* (Nova York: Harper Collins, 2013), 12-68.

27 Troy Denning, *The Sorcerer: Return of the Archwizards* (Nova York: Holtzbrinck Publishers, 2002).

28 Carl G. Jung, *The Integration of Personality* (Nova York: Ferrar and Rinehart, 1939).

29 Lisa Fantino, *Shrouded in Pompei* (Mamaroneck, NY: Wanderlust Women Travel Ltd., 2014), 55.

30 John Lee West, "An Analysis of Emotional Intelligence Training and Pastoral Job Satisfaction", diss. de ph.D, Universidade do Colorado, Colorado Springs, 2015, ProQuest (10108302), 65.

31 Richard Rohr, *Falling Upward: A Spirituality for the Two Halves of Life* (San Francisco: Jossey-Bass, 2011), 136.

3 Desenvolvendo a autoconsciência emocional

1 Don Riso e Hudson Russ, *The Wisdom of the Enneagram: The Complete Guide to Psychological and Spiritual Growth for the Nine Personality Types* (Nova York: Bantam Books, 1999), 9.

2 Richard Rohr, "The Enneagram: The Discernment of Spirits," workshop em vídeo (Albuquerque, NM: Center for Action and Contemplation, 2004). O vídeo está disponível na loja do website do Center for Action and Contemplation, <http://store.cac.org>.

3 Jim Manney, "Kataphatic or Apophatic Prayer?" IgnatianSpirituality.com, <https://www.ignatianspirituality.com/2026/kataphatic-or-apophatic-prayer>.

4 Cynthia Bourgeault, *The Heart of Centering Prayer: Nondual Christianity in Theory and Practice* (Boulder, CO: Shambhala Publications, 2016), 23.

5 "The Twelve Steps of Alcoholics Anonymous," aa.org, <http://www.aa.org/assets/en_us/smf-121_en.pdf>.

6 Bob Smith e Bill Wilson, *The Big Book: Alcoholics Anonymous*, 4ª ed., (Nova York: Alcoholics Anonymous World Services, Inc. 2001).

7 J. P. Kremenitzer, "The Emotionally Intelligent Early Childhood Educator: Self-reflective Journaling", *Early Childhood Education Journal* 33, nº 1 (2005), 3-9.

8 Gloria Wilcox, "The Feeling Wheel: A Tool for Expanding Awareness of Emotions and Increasing Spontaneity and Intimacy", *Transactional Analysis Journal* 12, nº 4 (1982): 274-76, <https://doi.org/10.1177/03621537 8201200411>.

9   Gautama Buddha, *The Dhamnapada: The Buddha's Path of Wisdom*, trad. Acharya Bouddharakkhita (Lismore, Austrália: Dharma Education Association, Inc., 1998).

10 Joseph Luft e Harrington Ingham, "The Johari Window, A Graphic Model of Interpersonal Awareness", Proceedings of the Western Training Laboratory in Group Development (Los Angeles: University of California Press, 1955).

11 William Hutchinson, "Ministry Matters", <http:/www.ministrymatters.com/all/entry/6842/what-is-spiritual-direction>.

12 J. R. Ragsdale, C. Orme-Rogers, J. C. Bush, S. L. Stowman e R. W. Seegerm "Behavioral Outcomes of Supervisory Education in the Association for Clinical Pastoral Education: A Qualitative Research Study", *Journal of Pastoral Care and Counseling* 70, nº 1, (2016): 5-15.

13 Association for Clinical Pastoral Education, <https://www.acpe.edu/ACPE/_Students/FAQ_S.aspx>.

14 Scott Thomas e Tom Wood, *Gospel Coach: Shepherding Leaders to Glorify God* (Grand Rapids, MI: Zondervan, 2012), 23-62.

15 Carl J. Jung, *Letters of C. G. Jung: Volume I, 1906-1950* (Londres: Routledge, 2015), 33.

4 Utilizando o autocontrole emocional

1   Stephen King. *The Waste Lands* (Nova York: Signet Books, 1991), 18.

2   Adele B. Lynn, *The EQ Interview* (Nova York: AMACOM Books, 2008), 9.

3   *Tesla Life and Legacy*, <https://www.pbs.org/tesla/ll/ll_niagara.html>.

4   Charles Stone, "5 Scientifically Proven Mindfulness Skills that WILL Make You a Better Leader (and a Better Person), "Stonewell Ministeries, <http://charlesstone.com/5-scientifically-proven-skills-that-make-you-a-better-leader/>.

5   Daniel Goleman, *Working with Emotional Intelligence* (Nova York: Bantam, 1998).

6   Karen Friedman, *Shut Up and Say Something: Business Strategies to Overcome Strategies and Infuence Listeners* (Santa Barbara, CA: ABC-CLIO Publishing, 2010), 73-74.

7   Harris Wittels, *Humblebrag: The Art of False Modesty* (NovaYork: Grand Central Publishing, 2012).

8   Paul Stevens, *Where Do Pastors Go to Cry? Practical Principles You Won't Learn in Seminary* (Bloomington, IN: Anchor House, 2012), 62.

9   Nathan DeWall, "Self-control: Teaching Students About Their Greatest Inner Strenght", American Psychological Association, <http://www.apa.org/ed/precollege/ptn/2014/12/self-control.aspx>.

10 Citação de Jane Austen, <https://www.goodreads.com/quotes/283094-i-will-be-calm-i-will-be-mistress-of-my-self>.

11 Bodhi Sanders, "Warrior Wisdom: Ageless Wisdom for the Modern Warrior", <https://www.goodreads.com/quotes/502832-never-respond-to-na-angry-person-with-a-fiery-comeback>.

5 Adquirindo empatia

1   Walt Whitman, "The Song of Myself", *Leaves of Grass* (Brooklyn, NY, 1855).

2   Daniel Goleman, *Emotional Intelligence: Why It Can Matter More Than* IQ (Nova York: Bantam Books, 1995).

3   Citação de Audrey Hepburn, <https://movies.wordsnquotes.com/post/143841592742/celebrating-audrey-hepburns-birthday-with-her-20>.

4   Daniel Goleman, Richard E. Boyatzis e Annie McKee, *Primal Leadership: Learning to Lead with Emotional Intelligence* (Boston: Harvard Business School Press, 2002), 3-4.

5   Citação de Homero, <https://www.brainyquote.com/quotes/homer153603>.

6   Larry Crabb, *Understanding Who You Are: What Your Relationship Tell You about Yourself* (Colorado Springs, CO: NavPress, 1997).

7   Mark B. Baer, "Empathy Can Lead to Profound Insights", *Psychology Today*, <https://www.psychologytoday.com/us/blog/empathy-and-relationships/201612/empathy-can-lead-profound-insights>.

8   Citação de Marco Aurélio, <https://goodreads.com/quotes/685844-whenever-you-are-about-to-find-fault-with-someone-ask>.

9   Citação de M. Scott Peck, <http://www.azquotes.com/quote/816324>.

10 Ron Cook, "Who Is Caring for Superman?", *Care for Pastors*, <http://careforpastors.org/who-is-caring-for-superman/>.

11 Ibid.

12   Scott Thomas e Tom Wood, *Gospel Coach: Shepherding Leaders to Glorify God* (Grand Rapids, MI: Zondervan, 2012), 23-62.

13   Matthew Fox, *A Spirituality Named Compassion* (San Francisco: Harper and Row, 1990), 88.

6 Aprendendo a ter consciência organizacional

1   Henry Mintzberg, *Mintzberg on Management: Inside Our Strange World of Organization* (Nova York: Simon & Schuster, 1989).

2   Daniel Goleman, Richard E. Boyatzis, Vanessa Druskat e Michee Nevarez, *Organizational Awareness: A Primer* (Florence, MA: More Than Sound, 2017), 3.

3   Lawrence E. Susskind, Sarah McKearnen e Jennifer Thomas-Lamar, eds., *The Consensus Building Handbook: A Comprehensive Guide to Reaching Agreement,* (Thousand Oaks, CA: Sage, 1999), 108.

4   Nadyne Guzmán, "The Leadership Covenant: Essential Factors for Developing Cocreative Relationships within Learning Community", *The Journal of Leadership Studies,* 2, n° 4 (1995): 151-60.

5   Gary McIntosh e Charles Arn, *What Every Pastor Should Know: 101 Indispensable Rules for Leading Your Church* (Grand Rapids, MI: Baker Books, 2013).

6   Harold Dwight Lasswell, *Politics: Who Gets What, When, and How* (Nova York: Whittlesey House, 1936).

7   Richard S. Sharf, *Theories of Psychotherapy and Counseling,* 3ª ed., (Boston: Cengage, 2015).

7 Exercendo influência

1   Stephen R. Covey, *The 7 Habits of Highly Effective People: Powerful Lessons in Personal Change* (NovaYork: Free Press, 2004), 10.

2   Daniel Goleman, Richard E. Boyatzis e Annie McKee, *Primal Leadership: Learning to Lead with Emotional Intelligence* (Boston: Harvard Business School Press, 2002), 40.

3 John L. West, "An Analysis of Emotional Intelligence Training and Pastoral Job Satisfaction," diss. de ph.D, Universidade do Colorado, Colorado Springs, 2015, ProQuest (10108302), 75.

4 Reuven Bar-On, "The BarOn Model of Emotional Social Intelligence (ESI)", <http://www.eiconsortium.org/pdf/baron_model_of_emotional_social_intelligence.pdf>.

5 Citação de Lou Gerstne, <https://www.supanet.com/find/famous-quotes-by/lou-gerstner/its-about-communication-fqb10294/>.

6 Donald Miller, *Blue Like Jazz* (Nashville: Thomas Nelson, Inc., 2003), 220.

7 Richard S. Sharf, *Theories of Psychotherapy and Counseling*, 3ª ed., (Boston, Cengage, 2015).

8 Henry Cloud e John Townsend, *How to Have That Difficult Conversation You've Been Avoiding* (Grand Rapids, MI: Zondervan, 2005).

9 Pamela Spahr, "What Is Transformational Leadership? How New Ideas Produce Impressive Results," St. Thomas University Online, <https://online.stu.edu/transformational-leadership/>.

10 Benjamin Hoff, *The Tao of Pooh* (Londres: Penguin Group, 1982), 40.

11 Lawrence E. Susskind, Sarah McKearnen e Jennifer Thomas-Lamar, eds., *The Consensus Building Handbook: A Comprehensive Guide to Reaching Agreement,* (Thousand Oaks, CA: Sage Publications, 1999).

12 West, "An Analysis of Emotional Intelligence Training and Pastoral Job Satisfaction", 72.

8 Assumindo o gerenciamento de conflito

1 Catrienne McGuire, *Cry Silently Pray Loudly* (Londres: Austin Macauley, 2016).

2 Citação de Maya Angelou, <https://www.goodreads.com/quotes/5934-i-ve-learned-that-people-will-forget-what-you-said-people>.

3 Kenneth Boa, "Conflict Management", Bible.org, <https://bible.org/seriespage/19-conflict-management>.

4 Klute Blackson, "Positively Positive", <http://www.positivelypositive.com/2013/10/27/what-other-people-think-about-you-is-none-of-your-business>.

5 Citação de Malachy McCourt, <https://www.brainyquote.com/quotes/malachy_mccourt_307621>.

6   Donald Miller, *Blue Like Jazz* (Nashville: Thomas Nelson, 2003), 221.

7   John L. West, "An Analysis of Emotional Intelligence Training and Pastoral Job Satisfaction" diss. de ph.D, Universidade do Colorado, Colorado Springs, 2015, ProQuest (10108302), 80.

8   Ibid.

9   Finley Peter Dunne, "Comforting the Afflicted and Afflicting the Comfortable", blog de Shawn Thomas, <https://shawnethomas.com/2012/09/16/comforting-the-afflicted-afflicting-the-comfortable-james-19-11/>.

10   Citação de Thomas Paine, <https://www.goodreads.com/quotes/350557-the-harder-the-conflict-the-more-glorious-the-triumph-what>.

9 Espiritualidade do líder religioso emocionalmente inteligente

1   Henri J. M. Nouwen, *Making All Things New: An Invitation to the Spiritual Life* (Nova York: HarperCollins, 1981), 21.

2   Richard Rohr, *Falling Upward: A Spirituality for the Two Halves of Life* (San Francisco: Jossey-Bass, 2011), 158.

3   Pope Francis, *The Joy of the Gospel* (Erlanger, KY: The Dynamic Catholic Institute), 198-99.

4   Peter Scazzero, *Emotionally Healthy Spirituality: It's Impossible to be Spiritually Mature While Remaining Emotionally Immature* (Grand Rapids, MI, 2006), 15.

5   Wayne Teasdale, *The Mystic Heart: Discovering a Universal Spirituality in the World's Religions* (Novato, CA: New World Library, 1999), 17.

10 Conclusão

1   Dale Carnegie, *How to Win Friends and Influence People* (Nova York: Simon & Schuster, 2010).

Fontes AMALIA, GT WALSHEIM
Papel ALTA ALVURA 90 G/M^2
Impressão IMPRENSA DA FÉ